Helmut Hansen

Die Physik des Mandala

Ein Archetypus wird entschlüsselt

WINDPFERD

Helmut Hansen, Jahrgang 1953, ist freier Autor. Sein besonderes Interesse gilt der Schnittstelle zwischen Physik und Metaphysik. Er ist davon überzeugt, dass dem physikalischen Universum etwas Transzendentes zugrunde liegt – und dass die Existenz dieses transzendenten Grundes mit Mitteln der modernen Physik nachweisbar ist. Seine Arbeit ist durch den Tibetischen Buddhismus, dem er Anfang der 80er-Jahre begegnet ist, nachhaltig beeinflusst worden. Er ist Autor mehrerer Bücher. 2005 hat er eine Arbeit über den christlichen Mystiker Nikolaus von Kues unter dem Titel *Von der Entdeckung Gottes am Rande des Universums* veröffentlicht.

1. Auflage 2007

www.windpferd.de

Umschlaggestaltung und Grafik im Innenteil:
Michel Löwenherz, Lionheart Grafikdesign, Hamburg
– mit Dank für seine Unterstützung –
Layout: Marx Grafik & ArtWork
Gesetzt aus der Adobe Garamond
Gesamtherstellung: Schneelöwe Verlagsberatung & Verlag, Aitrang
Druck: Himmer AG, Augsburg
Gedruckt auf säurefreiem, chlorfrei gebleichtem Papier
Printed in Germany · ISBN 978-3-89385-525-4

Inhalt

Einführung

1945 erhielt der Physiker Wolfgang Pauli für die Formulierung des sogenannten *Ausschließungsprinzips* den Nobelpreis für Physik. Es besagt, allgemein formuliert, dass keine zwei Elektronen innerhalb eines Atoms *denselben Zustand* haben können. Mit Hilfe dieses Prinzips war es möglich, die Struktur der Atomhülle zu erklären und so mit einem Schlag den gesamten Aufbau des »Periodensystems der Elemente« verständlich zu machen.

Pauli war unter Kollegen als Perfektionist bekannt – und gefürchtet. Da er ihre Fehler unerbittlich geißelte, bezeichneten ihn manche als die „Geißel Gottes". Er zählt zu den bedeutendsten Physikern des 20. Jahrhunderts. Anlässlich eines Banketts, welches am 10. Dezember 1945 am Institute for Advanced Study zu Ehren seines Nobelpreises stattfand, bezeichnete ihn Albert Einstein sogar als seinen geistigen Sohn und Nachfolger.[1]

Doch dieser Physiker, der seinen Kollegen nicht den geringsten Fehler durchgehen ließ, hatte auch eine andere Seite: Er beschäftigte sich mit *Archetypen* – mit geometrischen Mustern, die der Psychologe *Carl Gustav Jung* als tief im kollektiven Unbewussten verankerte Menschheitssymbole identifiziert hatte. Pauli freilich hielt diese Symbole für mehr als nur psychologisch, er war davon überzeugt, dass sie auch eine *physikalische* Bedeutung hatten. Er vertrat daher die Auffassung, dass archetypische Muster in die naturwissenschaftliche Forschung einbezogen werden sollten[2]; eine Auffassung, von der die Gemeinde der Physiker bis heute jedoch so wie gut wie keine Notiz genommen hat.[3]

Das vorliegende Buch möchte zeigen, warum sich die naturwissenschaftliche Auseinandersetzung mit archetypischen Mustern vielleicht als eines der lohnendsten Forschungsgebiete der Physik des 21. Jahrhunderts erweisen könnte. In seinem Mittelpunkt steht ein im Buddhismus als *Mandala* bekannter Archetypus.

Obwohl dieses Muster, bestehend aus einer alternierenden Folge von Kreisen und Quadraten, bereits von der buddhistischen Philosophie ausdrücklich als ein ‚Bauplan des Universums' ausgewiesen ist, ist seine mögliche *physikalische Bedeutung* bis heute noch niemals ernsthaft in Betracht gezogen worden.

Das vorliegende Buch berichtet davon, wie die physikalische Bedeutung dieses archetypischen Muster »entdeckt« wurde, welche Folgen dieses Muster hat – und wie es sich experimentell bemerkbar gemacht haben könnte, wenn es *tatsächlich,* wie vom Buddhismus behauptet, der Bauplan des Universums wäre.

Das Buch besteht aus vier Abschnitten.

In Abschnitt I erfährt der Leser, wie die Begegnung mit dem Tibetischen Buddhismus meine Sicht der Welt grundlegend verändert hat, wie sie der Beginn meiner Suche nach einer »Physik des Geistes« wurde und warum gerade die Spezielle Relativitätstheorie in den Brennpunkt dieser Suche rückte.

Abschnitt II ist der Einführung in die Grundlagen dieser Theorie Einsteins gewidmet. Er zeigt, welches Bild des Universums diese Theorie beinhaltet – und worauf ihr besonderes Erfolgsgeheimnis beruht.

Abschnitt III schließlich schildert wie durch eine Vervollständigung des Einsteinschen Bildes vom Universum – völlig unerwartet – ein geometrisches Muster sichtbar wurde, dass unverkennbar an ein Mandala erinnert.

Obwohl dieser Abschnitt – die sachliche Mitte dieses Buches – ein paar Formeln enthält, verlangt das Verständnis dieser Formeln nicht mehr als elementarste Kenntnisse der Mathematik. Trotz ihres elementaren Charakters erlauben sie es, dem Leser und der Leserin hautnah an der »Entdeckung« dieses archetypischen Bauplans teilhaben zu können.

Der vierte und letzte Abschnitt dieses Buches ist der »Entschlüsselung« dieses Bauplans gewidmet. Er zeigt, welche konkrete physikalische Bedeutung dieser Bauplan haben könnte – und inwiefern er unser »Bild« vom Universum buchstäblich revolutionieren würde.

Ergänzt wird das vorliegende Buch durch einen Anhang, in dem die physikalischen und technologischen Folgen dieses archetypischen Planes ein wenig *detaillierter* behandelt werden. So zeigt Anhang I, inwiefern die Struktur des Mandalas die Möglichkeit in sich birgt, die Lichtgeschwindigkeit *c ableiten* zu können. Anhang II erklärt, warum diese Struktur nicht nur physikalische, sondern auch *technologische* Folgen haben könnte. Sie weist in der Tat auf die Existenz eines »Sternentores« hin, dass, wenn wir es öffnen könnten, einen überlichtschnellen Weg zu den Sternen erschließt.

Um das Buch insgesamt *allgemeinverständlich* zu halten, sind viele Aspekte der Physik auf eine bisweilen schematische Weise dargestellt worden. Den Leser erwartet also keine erschöpfende, technisch ins Detail gehende Darstellung moderner physikalischer Theorien. Dies gilt auch für die Spezielle Relativitätstheorie selbst.

Um die bizarren Aspekte dieser Theorie, wie z. B. die Relativität der Zeit, allgemeinverständlich darzustellen, sind die meisten populären Darstellungen recht umfangreich. Doch auf die Erörterung gerade dieser Aspekte ist in diesem Buch bewusst verzichtet worden. Sie sind nicht nur für sein Verständnis entbehrlich, es gibt auch viele gelungene Darstellungen, auf die der Leser gegebenenfalls zurückgreifen kann. Eines der vielleicht schönsten und klarsten Bücher stammt aus der Feder des Physikers Lewis Carroll Epstein: *Relativitätstheorie – anschaulich dargestellt.* Mit Hilfe besonderer Diagramme gelingt es Epstein, gerade die bizarren Aspekte der Speziellen Relativitätstheorie so darzustellen, dass uns Einsteins Bild des Universums vertrauter und logischer erscheint.

I –
Auf der Suche nach dem Geist

Die Begegnung

Bis zu meinem 29. Lebensjahr war ich *Materialist.* Ich war davon überzeugt, dass das Universum grundlegend auf materiellen Bausteinen, wie den Quarks und Leptonen, basierte und dass die in ihm ablaufenden Vorgänge durch die uns bekannten Naturgesetze ausreichend erklärbar waren. Dieses Weltbild bestimmte auch meine Auffassungen über mich selbst.

Nachdem ich den naturwissenschaftlichen Klassiker *Zufall und Notwendigkeit* von dem Molekularbiologen Jacques Monod gelesen hatte, war ich fortan der Meinung, nicht mehr als eine besonders komplizierte biochemische Maschine zu sein. Der Geist war kein besonderes Fluidum, welches das Universum auf ewig beseelte, sondern er war nicht mehr als die Summe bioelektrischer Aktivitäten in einem Organ namens Gehirn. Er war daher ebenso wie alles andere im Universum dem Gesetz von Entstehen und Vergehen unterworfen. So wie ein Bildschirm schwarz wurde, wenn man den Stecker herauszog, so erlosch auch der Geist, wenn die Hirnaktivität erlosch. Mit dem Tod war alles vorbei. Dies war in Kürze meine Auffassung vom Wesen der Wirklichkeit und meiner selbst.

Als ich jedoch meinem spirituellen Lehrer *Lama Ole Nydahl* begegnete, sollte sich dieses materialistische Weltbild innerhalb kürzester Zeit grundlegend verändern. Ole, wie ihn seine nahen Schüler nennen, ist buddhistischer Meditationsmeister der Karma Kagyu Linie. Diese Linie ist eine der vier Hauptschulen des Tibetischen Buddhismus. Sie ist bekannt als »Linie der mündlichen Überlieferung« und betont als solches die besondere Bedeutung der Verbindung zwischen Lehrer und Schüler für die spirituelle Praxis.

Als ich Ole im Februar 1982 das erste Mal traf, berichtete er von dem 16. Gyalwa Karmapa *Rangjung Rigpe Dorje* – dem spirituellen Oberhaupt der Karma Kagyu Linie. Dieser war drei Monate zuvor unter denkwürdigen Umständen in einem Krankenhaus in Chicago gestorben – offenbar an mehreren tödlichen Krankheiten zugleich. So zeigte er nach seinem Tod eine Reihe medizinisch höchst ungewöhnlicher Zeichen. Obwohl er keinerlei Hirn- und Herzaktivität mehr aufwies, blieb sein Körper, wie die Ärzte wiederholt feststellten, für mehrere Tage warm. Was ich an jenem Abend zu hören bekam, stellte alles, was ich jemals in meinem Leben gehört hatte, auf den Kopf. Es war der Blick in die unbegrenzten Möglichkeiten des Geistes.

Zwei Monate später wurde ich formell »Buddhist«. Um die Existenz des Geistes zu »realisieren«, nahm ich das dafür vorgesehene spirituelle Training auf. Dieses Training umfasste nicht nur die äußerst aufwändigen vier Grundübungen des Tibetischen Buddhismus, von denen jede 111.111-mal ausgeführt werden muss, sondern auch ein paar seiner fortgeschritteneren Methoden, wie z. B. das *Phowa;* einer speziellen Meditationsmethode, mit der man das eigene Bewusstein im Sterbeprozess mit einer »reinen Bewusstseinsebene« verbinden kann.

Innerhalb nur weniger Jahre sollte ich durch diese im Westen lange Zeit als geheim geltenden Meditationspraktiken wie auch das charismatische Beispiel meines Lehrers *Ole Nydahl* und seiner Frau *Hannah* nicht nur von der Existenz des Geistes überzeugt sein, ich war auch der Auffassung, dass er genau das darstellte, was der Tibetische Buddhismus ihm nachsagte – nämlich der letzte und eigentliche Grund der Welt zu sein.[4] Der Geist verkörperte als solches die alldurchdringende und allumfassende Essenz unserer Wirklichkeit. Er bestimmte nicht nur unser inneres Universum mit all seinen Gefühlen, Phantasien und Gedanken, sondern auch das äußere, auf das wir mit unseren Teilchenbeschleunigern und Teleskopen »blickten«. Dieses Verständnis mündete schließlich in die Überzeugung ein, dass der Geist auch die Grundlage der modernen Physik sein müsste.

Geleitet von dieser Überzeugung kam ich zu der Schlussfolgerung, dass sich der Geist, wenn er *wirklich* Grundlage des Universums war, auch physikalisch auf irgendeine Weise ausgewirkt haben musste. Seine »Gegenwart« musste sich mithin durch irgendeinen wie auch immer gearteten speziellen Effekt Kund getan haben. Dies war der Beginn meiner Suche nach dem Geist. Mein Credo jener Tage lautete: »Was existiert, kann auch gefunden werden.«

Meine Suche galt fortan diesem speziellen Effekt, den ich den »Schatten des Geistes« nannte. Das Buch schildert, wie ich diesen »Schatten« gefunden habe – und dass moderne Physiker ihn vielleicht schon entdeckt haben, ohne sich dessen bewusst zu sein.

Doch die Suche nach diesem speziellen Effekt begann keineswegs verheißungsvoll. Sie konfrontierte mich mit einer Frage, auf die es *prinzipiell* keine Antwort zu geben schien. Und diese Frage lautete: Wie beweist man die Existenz von etwas, dass eigentlich jeglicher

Beweisbarkeit entzogen ist? Eine der buddhistischen Schlüsselbelehrungen betonte ausdrücklich die »Leerheit« des Geistes. Es gab also nichts, worauf ich zeigen und von dem ich erklären konnte: *Dies ist der Geist!*

Der Geist war infolge seiner Leerheit jeglicher Greifbarkeit entzogen. Wie also sollte ich die Existenz von etwas derart Unsichtbarem beweisen – und dazu noch mit wissenschaftlichen Mitteln?

Die Antwort, die ich schließlich hierauf fand, war ebenso einfach wie direkt: Wenn der Geist *wirklich* unsichtbar war, dann gab es *prinzipiell* keinerlei Möglichkeit, seine Existenz anhand experimenteller Daten nachweisen zu können. Punkt.

So schmerzlich diese Erkenntnis auch anfänglich war, sie erwies sich als die notwendige Voraussetzung für alles Weitere. Erst in dem Augenblick, da ich davon abließ, den Geist *selbst* beweisen zu wollen, erkannte ich, dass die Eigenschaft der *Unsichtbarkeit* mit Blick auf das sichtbare physikalische Universum *eine derartig einschränkende Bedingung* darstellte, dass zwar kein direkter, wohl aber ein *indirekter* Beweis der Existenz des Geistes möglich war.

Der Physiker *Albert Einstein* pflegte sich bei der Entwicklung seiner Theorien stets zu fragen, ob Gott bei der Schaffung des Universums eine Wahl hatte oder nicht – oder ob gewisse restriktive Vorgaben, wie z. B. logische Einfachheit, dafür sorgten, dass Er es gar nicht anders machen konnte, als Er es gemacht hat. Einstein hoffte auf diese Weise, wie er sich ausdrückte, den »Linien des Alten« auf die Spur zu kommen.

Als ich in dieser Weise über ein auf dem Geist gründendes Universums nachzudenken begann, erkannte ich, dass Unsichtbarkeit zwar mit Blick auf den Geist *selbst* eine wissenschaftlich höchst kontraproduktive Eigenschaft darstellte, dass sie aber mit Blick auf das physikalische Universum genau den gegenteiligen Eindruck vermittelte – sie erwies sich als ein geradezu *ultrarestriktives Auswahlkriterium:* Wenn Gott das Universum so einrichten wollte, dass er *selbst* auf seiner Bühne radikal unsichtbar blieb, dann musste Er das Universum auf eine sehr spezielle und unverwechselbare Weise geschaffen haben. Es musste nämlich so beschaffen sein, dass sein eigentlicher Grund von einem innerhalb des Universums gelegenen Standpunkt aus auf immer *jeglichem* Blick entzogen blieb. Es musste also unabweisbar irgendeine Art von »konspirativer Struktur« aufweisen.

Wenn Gott dieser Vorgabe genügen wollte, dann war ihm, wie ich erkannte, bei der Schaffung des Universums zweifellos sehr wenig oder vielleicht sogar gar keine Wahl geblieben. Möglicherweise konnte Er unsere Welt nur *auf eine einzige Weise* gemacht haben. Wenn es mir gelang, diese einzigartige Struktur wider die Sichtbarkeit des Geistes hinreichend genau zu bestimmen, dann bestand vielleicht auch, so meine Hoffnung, die Möglichkeit, *experimentell* überprüfen zu können, ob unser Universum eine ebensolche Struktur aufwies oder nicht. War dies der Fall war, dann sprach sehr viel dafür, dass der Geist *tatsächlich* der eigentliche Grund unseres Universums war.

Doch wie sah diese konspirative Struktur aus? Dies war die Alles entscheidende Frage – und sie sollte mich in den kommenden Jahren intensiv beschäftigen. Eine geraume Weile freilich sah es so aus, als sei auch diese nur indirekte Frage prinzipiell unbeantwortbar. Erst eine spezielle buddhistische Belehrung über die Fähigkeiten erleuchteter Wesen lieferte mir den entscheidenden Hinweis, *wo* und *wie* ich nach dieser Struktur zu suchen hatte.

Buddha versus Einstein: Wer irrt?

Es muss Mitte der 80er Jahre gewesen sein. Ich lebte und arbeitete bereits seit zwei Jahren in einem buddhistischen Meditationszentrum in Hamburg. Ole befand sich im Zentrum und gab einen Meditationskurs, an dem ich natürlich teilnahm.

Auch die erstaunlichen Fähigkeiten erleuchteter Wesen waren Gegenstand des Kurses. Diese Fähigkeiten, auch *Siddhis* genannt, sind traditionell Bestandteil des buddhistischen Wissens. Eine dieser ungewöhnlichen Fähigkeiten besteht darin, Wahrnehmungsobjekte, die sich in großer räumlicher Entfernung befinden, *augenblicklich,* d. h. ohne jeglichen Zeitverlust, wahrnehmen zu können.[5]

Als ich diese buddhistische Belehrung hörte, gab es so etwas, was man im Volksmund einen »Geistesblitz« nennen würde. Ich dachte spontan: Wenn so etwas wirklich möglich ist, wenn es also möglich ist, augenblicklich auf Informationen von Orten und Geschehnissen zugreifen zu können, die vielleicht Millionen von Lichtjahren weit entfernt sind, dann kann das Bild, das sich die moderne Physik von unserem Universum gemacht hat, nicht „richtig“ sein. Dieser spontane Gedanke war der Beginn meiner Auseinandersetzung mit der Speziellen Relativitätstheorie, denn diese Theorie widersprach gerade dieser Möglichkeit.

Eine der grundlegenden Aussagen dieser, von dem legendären Physiker Albert Einstein stammenden Theorie besagt, dass es unmöglich ist, eine Information mit einer höheren Geschwindigkeit als der des Lichts zu übermitteln oder zu erlangen. Die maximale Geschwindigkeit, mit der eine Information von hier nach da gelangen kann, beträgt demnach ~ 300.000 Kilometer pro Sekunde, denn dies ist die Geschwindigkeit des Lichtes. Obwohl diese Geschwindigkeit außerordentlich hoch ist, handelt es sich nichtsdestotrotz um eine *endliche* Geschwindigkeit. Jede Information, die wir von einem räumlich weit entfernten Ort erhalten wollen, benötigt daher Zeit, um zu uns gelangen zu können. So bräuchte beispielsweise eine Information, um von unserer Nachbargalaxie, dem Andromedanebel, bis zu uns – in unsere Heimatgalaxie, die Milchstraße – zu gelangen, mehr als zwei Millionen Jahre. Um also *augenblicklich,* d. h. ohne jeden Zeitverlust, auf Informationen im Andromeda-Nebel zugreifen zu können, müsste sich die entsprechende Information nicht nur sehr viel schneller als Licht, sie müsste sich *fast unendlich schnell* ausbreiten können. Daher ist in einem Universum, das in Strenge den Gesetzen der Speziellen Relativitätstheorie folgt, ein *augenblicklicher* Zugriff auf Informationen in räumlich weit entfernten Regionen *grundsätzlich* nicht möglich.

Eben dieser Umstand konfrontierte mich mit einem tiefen weltanschaulichen Widerspruch: Wie es schien, war in einem buddhistischen, auf dem Geist gründenden Universum etwas möglich, was nach Auffassung der modernen Physik eigentlich als unmöglich galt. Wer also irrte: Einstein oder Buddha? Wenn die buddhistische Belehrung zutraf, wo von ich überzeugt war, dann musste es – entgegen der Behauptung der Speziellen Relativitätstheorie – irgendwelche von ihr nicht berücksichtigten Strukturen geben, die einen solchen überlichtschnellen Blick in weit entfernte Galaxien erlaubten.

Doch wie sah dieses »buddhistische« Bild vom Universum aus? Der naheliegendste Weg, um dieses Bild zu ermitteln, schien der zu sein, das Einsteinsche Bild vom Universum einfach um ein entsprechendes überlichtschnelles Geschwindigkeitssegment zu komplettieren; naheliegend deswegen, weil die Spezielle Relativitätstheorie eine experimentell außerordentlich leistungsfähige Theorie darstellte, was darauf hindeutete, dass sie das physikalische Universum innerhalb der von ihr bezeichneten Grenze, d. h. der Lichtgeschwindigkeit, sehr genau abbildete. Es sprach also sehr viel dafür, dass *mit ihr ein wesentlicher Teil des von mir gesuchten buddhistischen Bildes schon gefunden war.*

Doch so naheliegend dieser Weg auch schien, er konfrontierte mich mit einer derartig in sich geschlossenen Theorie, dass jeder Versuch, sie zu komplettieren, entweder in stummer Verzweiflung endete oder dem Öffnen der Büchse der Pandora gleich kam.

In dem nachfolgenden Abschnitt möchte ich Ihnen daher zeigen, wie diese Theorie aufgebaut ist und warum es sich als so schwierig erweist, dieser Theorie Überlichtgeschwindigkeiten »einfach« hinzuzufügen. Diese Reise durch die Gedankenwelt Einsteins gibt Ihnen zugleich die Gelegenheit, sich mit dem, was ich den »relativistischen Bauplan des Universums« nenne, so weit vertraut zu machen, dass sie später problemlos nachvollziehen können, wie ich auf der Grundlage dieses Bauplans die Struktur des Mandala als physikalisch relevante Matrix »enthüllen« konnte.

II –
Der relativistische Bauplan des Universums

„Raffiniert ist der Herrgott,
bösartig aber nicht."

Albert Einstein

Porträt einer »fast« perfekten Theorie

Die Abhandlung zur Speziellen Relativitätstheorie erschien am 28. September 1905 unter dem wenig spektakulären Titel *Zur Elektrodynamik bewegter Körper* in den »Annalen der Physik«, veröffentlicht von einem bis dahin völlig unbekannten Physiker namens *Albert Einstein,* der seinen Lebensunterhalt zu jener Zeit noch als Patentbeamter III. Klasse verdiente. Sie gilt als eine Arbeit ohne Vergleich und ohne Vorbild. Sie ist, wie der Einstein-Biograph Albrecht Fölsing schreibt, so aufgebaut, als hätte ihr Autor Euklid oder Newton über die Schulter geschaut. Schon ihr axiomatischer Aufbau vermittelt den Eindruck von Perfektion.[6]

So gründet die Spezielle Relativitätstheorie lediglich auf zwei einfachen Prinzipien: Dem *Relativitätsprinzip* und dem *Prinzip der Konstanz der Lichtgeschwindigkeit.* Alle ungewöhnlichen physikalischen Effekte, die von dieser Theorie vorausgesagt werden, wie z. B. die Zeitdilatation, die Längenkontraktion und die Massenrelativität, ergeben sich unmittelbar aus diesen beiden Prinzipien. Sie haben in den sogenannten *Lorentz-Transformationen* – als dem dritten Baustein der Speziellen Relativitätstheorie – ihren mathematisch präzisen Ausdruck gefunden.

Diese drei Elemente begründen das, was ich den »relativistischen Bauplan des Universums« nenne. 1908, drei Jahre nach Veröffentlichung der Speziellen Relativitätstheorie, hat der Mathematiker *Hermann Minkowski,* in der Absicht, den Zugang zu Einsteins Theorie zu erleichtern, dieses Bild in einem ganz spezifischen geometrischen Muster zusammengefasst. Dieses Muster ist uns heute unter der Bezeichnung »Lichtkegel« bekannt. Es spielt eine zentrale Rolle in diesem Buch und wird uns durch den gesamten Text hindurch begleiten.

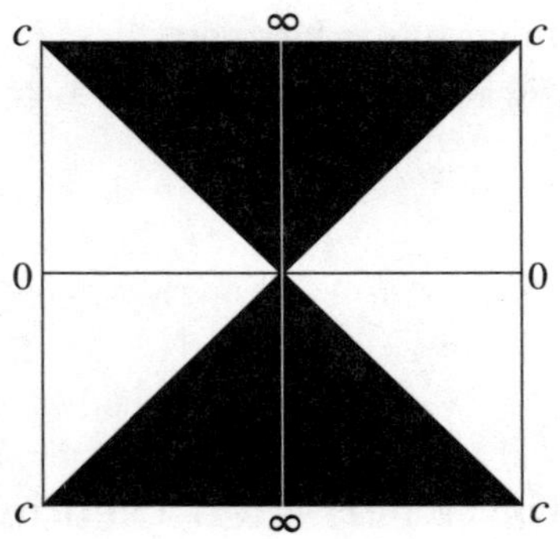

Bevor ich schildere, was dieser physikalische Bauplan im Detail bedeutet, möchte ich Ihnen zuvor jene drei Elemente vorstellen, auf denen dieser Bauplan basiert.

a) Relativitätsprinzip

Obwohl der Inhalt dieses Prinzips in der Physik schon im 17. Jahrhundert bekannt war, wird Einstein wissenschaftshistorisch als der »Vater der Relativität« gewürdigt. Erst durch ihn ist dieser Inhalt, wie der Physiker *Hendrik Antoon Lorentz* betont hat, als universell und streng geltendes Prinzip ausgesprochen worden.[7]

Das Wissen um dieses Prinzip ist freilich nicht nur in der Physik zu Hause. Die meisten von uns sind ihm schon einmal in ihrem Leben begegnet. Vielleicht erinnern Sie sich noch an Ihre letzte Bahnfahrt. Eine typische Erfahrung von Relativität ist diese: Sie haben bereits einige Minuten vor der Abfahrt im Zug Platz genommen. Sie blättern gedankenverloren in ihrer Zeitung, als sie plötzlich aus dem Augenwinkel sehen, wie Sie sich Ihr Zug von dem auf dem Nachbargleis befindlichen Zug zu entfernen scheint. Sicherlich erinnern Sie sich noch an das Gefühl der Irritation, weil Sie mit einer Abfahrt Ihres Zuges erst in einigen Minuten gerechnet hatten. Da Sie kein Rucken gespürt haben, waren Sie sich nicht sicher, ob sich *wirklich* Ihr Zug in Gang gesetzt hat oder womöglich nur der Zug auf dem Nachbargleis. Und so haben Sie, instinktiv, wie die meisten in dieser Situation, *nach draußen geblickt,* um diese Irritation aufzulösen – wohl wissend, dass dieser Blick Sie darüber aufklären würde, welcher der beiden Züge stillstand und welcher sich bewegte. Eben diese alltägliche Erfahrung, zwischen Ruhe und einer geradlinig-gleichförmigen Bewegung nicht unterscheiden zu können, *ohne nach draußen geblickt zu haben,* ist auch Grundlage dessen, was Physiker als das *Prinzip der Relativität* bezeichnen.

Galileo Galilei war der erste Naturforscher, der diese Erfahrung auch physikalisch thematisiert hat. Er nutzte sie, um deutlich zu machen, warum wir von einer Bewegung der Erde nichts merken. Zur Zeit Galileis war dies einer der zentralen Einwände gegen das von Kopernikus vorgeschlagene heliozentrische Weltbild. Gegner dieses Weltbildes, vorzugsweise führende Mitglieder der römisch-katholischen Kirche, wandten ein, dass eine solche Bewegung der Erde, wenn sie denn tatsächlich vorläge, dazu führen müsste, dass fallende Gegenstände erkennbar hinter der Erdbewegung zurückblieben. Wie der Augenschein aber deutlich zeigte, fielen sie senkrecht nach unten. Daher schlussfolgerten sie, dass die Erde in Wirklichkeit, so wie es bereits der griechische Philosoph Aristoteles behauptet hatte, stillstand.

Um dieses Argument zu entkräften, forderte Galilei seine Kritiker auf, sich unter Deck eines großen Schiffes zu begeben, wo sie keine Möglichkeit hatten, nach draußen zu blicken. Dort würden sie beobachten, dass man unter Deck (in einem geschlossenen Raum) keinem Vorgang entnehmen könne, ‚ob das Schiff fährt oder stille steht'. So würden beispielsweise fallende Tropfen genau in das untergestellte Gefäß fließen, ohne, wie er sich in seinem berühmten *Dialog über die beiden hauptsächlichsten Weltsysteme* ausdrückte, nach dem Hinterteile zu fallen, selbst wenn das Schiff, während der Tropfen in der Luft ist, viele Spannen zurücklegt hätte.

Obwohl das Relativitätsprinzip, wenn wir es historisch auf jenes Jahr datieren, da Galilei seinen *Dialog* veröffentlichen sollte, bereits seit 1632 bekannt ist, ist es bis zu Beginn des 20. Jahrhunderts niemals *explizit* als ein universell gültiges Prinzip ausgesprochen worden. Selbst *Sir Isaac Newton,* der seine 1687 veröffentlichte *Principia* in wesentlichen Teilen auf Galileis Studien stützte, schenkte ihm allenfalls beiläufig Aufmerksamkeit. Es erscheint dort lediglich als ein Zusatz, nämlich als »Corollar V«: *Körper, welche in einen gegebenen Raum (Fahrzeug) eingeschlossen sind, haben dieselbe Bewegung unter sich; dieser Raum (Fahrzeug) mag ruhen oder sich gleichförmig und geradlinig, nicht aber im Kreise fortbewegen.*

Erst um 1900 herum rückte diese »fünfte Schlussfolgerung« Newtons in den Mittelpunkt des physikalischen Denkens – und erst zu dieser Zeit erhielt sie von dem Mathematiker Henri Poincaré ihren bis heute gültigen Namen: *Prinzip der Relativität* oder *Relativitätsprinzip*.

Doch der erkenntnistheoretische Status dieses Prinzips war zu dieser Zeit noch umstritten. Physiker waren sich keineswegs sicher, ob dieses Prinzip wirklich universelle Geltung hatte. Wir werden später noch erfahren, welcher besondere Umstand Anlass zu diesem Zweifel gab.

Erst 1905 – mit Veröffentlichung der Speziellen Relativitätstheorie durch den Physiker Albert Einstein – avancierte dieses Prinzip zu einem universell gültigen Grundsatz. In dieser universell geltenden Form besagt es: Es ist unmöglich, in einem geschlossenen Raum mit Hilfe irgendwelcher physikalischen Experimente, seien sie mechanischer oder optischer Natur, entscheiden zu können, ob dieser Raum ruht oder sich auf gerader Linie gleichförmig bewegt. Physikalisch gewendet, bedeutet dieses Prinzip, dass sich eine *konstante Geschwindigkeit* in keinerlei Weise auf den Ausgang von Experimenten auswirkt, denn genau dies kennzeichnet diese beiden Bewegungszustände der geradlinig-gleichförmigen Bewegung wie auch der Ruhe. Es schließt als solches die Behauptung ein, dass die Geschwindigkeit, sofern sie konstant ist, eine nur *relative* Größe ist und die Form der Naturgesetze unverändert lässt.

Bezugssysteme, die sich mit einer solchen konstanten Geschwindigkeit bewegen, werden in der Physik auch als »Inertialsysteme« bezeichnet. Das bedeutet, egal mit welcher konstanten Geschwindigkeit sich ein solches Bezugssystem bewegt, sei es mit der gemächlichen Geschwindigkeit eines Schiffes oder mit der enormen Geschwindigkeit eines über den Wolken dahindonnernden Düsenjets, Naturvorgänge, wie das Fallen von Tropfen, laufen in ihm stets in derselben Weise ab. Aufgrund dieser Überlegungen wird das Relativitätsprinzip in modernen Lehrbüchern der Physik auch so zusammengefasst:

Die Naturgesetze haben in allen Inertialsystemen dieselbe Form.

Dass das Relativitätsprinzip zu Beginn des 20. Jahrhunderts eine wissenschaftliche Revolution auslöste, obwohl es fast alltäglich wirkt, ist dem zweiten, von Albert Einstein formulierten Prinzip zuzuschreiben.

b) Das Prinzip von der Konstanz der Lichtgeschwindigkeit

Manche Physiker vertreten die Auffassung, es sei vor allem diesem zweiten Prinzip – dem Prinzip der Konstanz der Lichtgeschwindigkeit – zuzuschreiben, dass Einstein unser Bild vom Universum revolutionierte. Diese Auffassung erscheint auf den ersten Blick recht verwirrend, weil dieses zweite Prinzip zwar irgendwie zum ersten Prinzip zu passen scheint – und doch wiederum auch nicht. Auf den ersten Blick sieht es zugegebenermaßen recht passend aus, besagt es doch:

Die Geschwindigkeit des Lichts
ist in allen Inertialsystemen stets dieselbe.

Also gleichgültig, mit welcher (konstanten) Geschwindigkeit sich unser Inertialsystem bewegt, wir messen für die Geschwindigkeit des Lichts immer denselben Wert, und zwar 299.742 Kilometer pro Sekunde – oder aufgerundet: 300.000 km pro Sekunde. Das »Gesetz der Lichtausbreitung« scheint also dem Relativitätsprinzip wie auf den Leib geschneidert.

Doch gleichzeitig scheint dieses Naturgesetz auch dem Relativitätsprinzip zu widersprechen, denn entgegen seiner Behauptung, Geschwindigkeit sei eine nur relative Größe, scheint die Geschwindigkeit des Lichts so etwas wie eine *absolute* Größe darzustellen: Sie scheint weder kleiner noch größer sein zu können. Mit eben diesem Widerspruch waren die Physiker zu Beginn des 20. Jahrhunderts konfrontiert. Deswegen waren sie sich auch nicht sicher, ob das Relativitätsprinzip wirklich als ein universell geltendes Prinzip aufgefasst werden konnte.

Dieser Widerspruch betraf nicht nur ein technisches Detail, er rührte direkt an den Grundlagen der Physik jener Zeit. Es zeigte sich nämlich, dass dieses Ausbreitungsverhalten des Lichts, in allen Inertialsystemen, unabhängig von deren Geschwindigkeit, stets dieselbe zu sein, im Widerspruch zur Newtonschen Mechanik stand – und die Newtonsche Mechanik galt zu Beginn des 20. Jahrhunderts immer noch als *die* Fundamentaltheorie der Physik.

Die Struktur des Universums physikalisch zu erklären, hieß, sie mechanisch zu erklären. Noch am 28. Juni 1894 bekräftigte der Physiker *Max Planck* (1858–1947) in seiner Antrittsrede zur Aufnahme in die Akademie der Wissenschaften diese paradigmatische Geltung der Newtonschen Mechanik. Das eigentliche Ziel der Physik sei, so seine Verlautbarung, die Zurückführung aller Naturvorgänge auf Mechanik. Daher kam ein Phänomen, dass im Widerspruch zu dieser Theorie stand, einer Grundlagenkrise der Physik gleich – und das Ausbreitungsverhalten des Lichts stand im Widerspruch zu dieser Theorie. Es verletzte mit seinem Ausbreitungsverhalten eklatant das Newtonsche »Additionstheorem der Geschwindigkeiten«.

Auch dieses Theorem hat seine Wurzeln in alltäglichen Erfahrungen.

Nehmen wir an, Sie befinden sich auf einem Laufband eines großen Flughafens. Dieses Band bewegt sich mit 3,6 Kilometer pro Stunde. An seinem Ende wartet schon ungeduldig Ihre Frau auf Sie, denn Sie haben die Flugtickets. Sie kennt ihren Hang zur Trödelei und fürchtet, dass sie den Flug verpassen könnten. Sie beeilen sich. Sie verdoppeln Ihre Geschwindigkeit von 3 Kilometer auf 6 Kilometer pro Stunde, wohlwissend, dass sie hierdurch noch schneller bei Ihrer Frau sind.

Wenn Sie sich selbst mit einer Geschwindigkeit von 6 Kilometer pro Stunde mit dem Band *mitbewegen* würden, dann würden Sie sich Ihrer Frau mit einer *Gesamtgeschwindigkeit* von 9,6 Kilometer pro Stunde nähern, denn es gilt:

$$6\ \text{km/h}\ (w) + 3{,}6\ \text{km/h}\ (v) = 9{,}6\ \text{km/h}\ (W)$$

Derlei Geschwindigkeitskalkulationen entsprechen nicht nur unserem intuitiven Verständnis, wie sich Dinge üblicherweise verhalten, sie sind auch Grundlage eben jenes *Additionstheorems der Geschwindigkeiten.* Formal lässt sich dieses Theorem in einer sehr einfachen Gleichung darstellen:

$$w + v = W$$

In dieser formalen Gestalt war es für mehr als zwei Jahrhunderte Grundlage der Newtonschen Mechanik. Und genau dieses Theorem versagte beim Licht, denn dem Licht ließ sich eigenartigerweise keine Geschwindigkeit hinzuaddieren. Es wies stattdessen stets *dieselbe* Geschwindigkeit auf.

Stellen Sie sich vor, Sie würden gerade in dem Augenblick, da sie das Laufband betreten, unvermittelt einen Schwächeanfall erleiden. Um Ihre ungeduldige Frau über diesen Vorfall am Ende des Laufbandes zu unterrichten, benutzen Sie Ihre Taschenlampe und übermitteln ihr mit Hilfe von Lichtzeichen ein S-O-S. Da sich das Laufband nach wie vor mit einer Geschwindigkeit von 3,6 Kilometer pro Stunde oder umgerechnet: 1 Meter pro Sekunde bewegt, würden Sie natürlicherweise annehmen, dass die Lichtzeichen Ihre Frau ein wenig schneller erreichen als es der Fall wäre, wenn das Laufband stillstünde.

Im Vertrauen auf die Gültigkeit des Newtonschen Additionstheorem der Geschwindigkeiten, würden Sie daher eine Gesamtgeschwindigkeit von 300.000.001 Meter pro Sekunde errechnen, und zwar der Geschwindigkeit des Lichts plus der Geschwindigkeit des Laufbandes.

$$300.000.000 \text{ m/s} + 1 \text{ m/s } (v) = 300.000.001 \text{ m/s}$$

Doch *tatsächlich* betrüge die Geschwindigkeit Ihrer Lichtzeichen nur 300.000.000 Meter pro Sekunde – und sie würde sich auch um keinen Deut erhöhen, selbst wenn die Flughafenleitung die Geschwindigkeit des Laufbandes auf Lichtgeschwindigkeit brächte. So unglaublich diese Behauptung ist, sie das Ergebnis sorgfältig durchgeführter Experimente.

Zum ersten Mal wurde dieses Experiment 1887 von *Albert A. Michelson* (1852–1931) und *Edward W. Morley* (1838–1923) durchgeführt. In der Überzeugung, dass sich Licht ebenso verhielt wie alle anderen materiellen Objekte, mutmaßten diese beiden Naturwissenschaftler, dass die Geschwindigkeit des Lichtes größer oder kleiner ausfallen würde, je nachdem ob sich die Lichtquelle *mit* oder *gegen* die Erde bewegte.

Um diese Erwartung experimentell zu überprüfen, maßen sie die Geschwindigkeit von Lichtstrahlen in Beziehung zu der Bewegung der Erde um die Sonne, die sie gleichsam als kosmisches Laufband benutzten. Da die Geschwindigkeit der Erde um die Sonne 30 Kilometer pro Sekunde betrug, erwarteten sie, ganz im Sinne des Newtonschen Additionstheorems, für die Gesamtgeschwindigkeit des Lichtes einen Wert von 330.000 Kilometer pro Sekunde: 300.000 km/sec (Geschwindigkeit des Lichts) + 30 km/sec (Geschwindigkeit der Lichtquelle) = 330.000 km/sec; zumindest für den Fall, dass die Lichtquelle der

Erdbewegung folgte. In gegenläufiger Richtung nahmen sie natürlich eine entsprechend verringerte Gesamtgeschwindigkeit an, nämlich: 300.000 km/sec – 30 km/sec = 270.000 km/sec. Doch zu ihrer Überraschung mussten sie feststellen, dass das Licht stets *dieselbe* Geschwindigkeit aufwies, nämlich: 300.000 km pro Sekunde.[8]

Die Physiker hatten es also mit einem handfesten Widerspruch zwischen Theorie und Wirklichkeit zu tun. Mehr als zwei Jahrhunderten hatten sie sich auf die Newtonsche Mechanik gestützt und auf eine beispiellose Erfolgsgeschichte zurückblicken können, doch plötzlich schien diese einst so effiziente Theorie komplett zu versagen.

Mit der Konstanz der Lichtgeschwindigkeit hatte die Natur, wie sich in den kommenden Jahren zeigen sollte, den Physikern ein echtes Rätsel aufgegeben. Im Jahre 1900 stellte dieses Rätsel die größte Herausforderung dar, der sich Physiker gegenüber sahen. Die Tatsache, dass das Licht den Gesetzen aller anderen Geschwindigkeiten nicht unterworfen war und sich auf gänzlich andere Weise verhielt, bedeutete für viele Wissenschaftler einen unerhörten Skandal. Es stürzte sie in tiefste Verwirrung – und manche lehnten es sogar ab, ihm Glauben zu schenken. Es sollte die begabtesten Theoretiker jener Zeit mobilisieren.

Die meisten Physiker versuchten dieses Rätsel verständlicherweise im Sinne des herrschenden Paradigmas zu erklären – das heißt: mit Hilfe der Newtonschen Mechanik. Sie hofften, dieses Rätsel mit einem speziellen mechanischen Äther-Modell erklären zu können. Die Physiker hatten diesen »Äther« eingeführt, weil sie der Überzeugung waren, dass das Licht in seiner Eigenschaft als Welle – ebenso wie der Schall – eines stofflichen Mediums bedurfte, um sich fortpflanzen zu können. Doch dieser Äther entwickelte sich mehr und mehr „zum Schmerzenskind der mechanistischen Naturauffassung".[9] Er vereinte auf sich so widersprüchliche Eigenschaften, dass jeder Versuch, die Konstanz der Lichtgeschwindigkeit mit seiner Hilfe erklären zu wollen, fehlschlug. So musste er, wenn er die Ausbreitung des Lichtes (in Form von Querwellen) ermöglichen sollte, die Eigenschaften eines festelastischen Körpers haben. Doch als Folge der hohen Geschwindigkeit des Lichts musste er härter sein als Stahl und Diamant. Gleichzeitig aber musste er über eine ideale Durchdringbarkeit verfügen, damit sich die Himmelkörper so reibungslos durch ihn hindurch bewegen konnte, wie sie es ganz offensichtlich taten.

Die zu fordernden Eigenschaften waren derart gegensätzlich, dass die Physiker erhebliche Schwierigkeiten hatten, eine vernünftige, mit allen Fakten vereinbare Äther-Theorie zu formulieren. Mancher Theoretiker, wie z. B. der berühmte Mathematiker *Henri Poincaré,* vermutete hinter diesem seltsamen Vorgang der Konstanz der Lichtgeschwindigkeit gar eine Verschwörung der Natur.[10] Und in der Tat: Es gibt keinen Bereich in der Physik, in der die Existenz einer konspirativen Struktur des Universums so oft beschworen wird wie im Zusammenhang mit der Konstanz der Lichtgeschwindigkeit.[11]

Trotz dieser erheblichen Schwierigkeiten gelang es am Ende dem holländischen Physiker *Hendrik Antoon Lorentz,* eine äußerst erfolgreiche Äther-Theorie zu entwickeln. Sie war sogar so erfolgreich, dass mancher Physiker auch heute noch von ihrer Gültigkeit überzeugt ist. Lorentz veröffentlichte diese Theorie 1904 unter dem etwas umständlichen Titel: *Elektromagnetische Erscheinungen in einem System, das sich mit beliebiger, die des Lichts nicht erreichender Geschwindigkeit bewegt.*

Lorentz konnte mit Hilfe dieser Theorie die Konstanz der Lichtgeschwindigkeit ebenso gut erklären wie die Spezielle Relativitätstheorie dies ein Jahr später auch tun sollte. Sie beruht sogar auf ähnlichen Annahmen wie diese: So nahm Lorentz an, dass man für die Lichtgeschwindigkeit deswegen immer denselben Wert maß, weil die Längenmaßstäbe in ihrer Bewegungsrichtung »kontrahiert« und die Zeit »gedehnt« worden sei; Annahmen, die ein Jahr später auch wesentlicher Bestandteil der von Einstein entwickelten Theorie sein sollten. Bei Einstein ergaben sich diese Annahmen jedoch unmittelbar aus den beiden, vom ihm postulierten Prinzipien – *ohne jede weitere Bezugnahme auf ein mechanisches Äther-Modell.* Lorentz hingegen deutete diese Annahmen ganz und gar im Kontext eines solchen Äther-Modells. So nahm er an, dass die Längenkontraktion das Ergebnis einer nicht näher spezifizierbaren, durch den Äther begründeten Kompression sei. Er sah also in der Längenkontraktion einen realen, auf dynamischen Kräften basierenden Effekt. Auch die Dehnung der Zeit erklärte er im Sinne des herrschenden Paradigmas.

Um an dem Begriff der absoluten Zeit festhalten zu können, der neben dem Begriff des absoluten Raumes die eigentliche Grundlage der Newtonschen Mechanik darstellte, führte er eine variable »Ortszeit« ein, die er jedoch lediglich als mathematische Hilfsgröße verstand. Dass er mit dieser Äthertheorie Erfolg hatte, ist den nach ihm benannten und von ihm zu diesem Zweck entwickelten »Lorentz-Transformationen« zu verdanken. Mit ihrer Hilfe konnte er mathematisch begründen, warum diese Effekte – die Längenkontraktion und die variable Zeit – in ihrer Summe dazu führten, dass man für das Licht stets exakt dieselbe Geschwindigkeit maß. Lorentz' Theorie bot zudem den großen Vorteil, die Konstanz der Lichtgeschwindigkeit erklären zu können, ohne die Newtonsche Mechanik als Fundamentaltheorie preisgeben zu müssen.

Doch gerade dieser »große Vorteil« erweckte bei einem jungen Physiker namens Albert Einstein Argwohn. Die Tatsache, dass Lorentz zur Erklärung der Konstanz der Lichtgeschwindigkeit die Begriffe der Newtonschen Mechanik, wie z. B. den Begriff der absoluten Zeit, mit Hilfe einer Ortszeit *willkürlich* abgeändert hatte, schien ihm nicht sonderlich überzeugend. Mit der Konstanz der Lichtgeschwindigkeit musste es, wie ihm sein Instinkt sagte, weit mehr auf sich haben.

Dieser Verdacht war ihm schon als Sechzehnjähriger gekommen. Er hatte sich gefragt: Was geschieht, wenn ich einem Lichtstrahl mit Lichtgeschwindigkeit nacheile? Geleitet von dem Newtonschen Additionstheorem der Geschwindigkeiten, kam er zu dem Ergebnis, dass er diesen Lichtstrahl, wenn er mit derselben Geschwindigkeit parallel zu ihm aufschlösse, eigentlich als ruhendes, räumlich oszillierendes elektromagnetisches Feld wahrnehmen müsste. Das ist zumindest die Schlussfolgerung, zu der man gelangt, wenn man das Newtonsche Additionstheorem der Geschwindigkeiten als gültig unterstellt.

Nehmen wir an, Sie befänden sich auf der Autobahn und schlössen bei einer Geschwindigkeit von 130 Kilometer pro Stunde zu einem sich auf der rechten Spur befindlichen Fahrzeug auf, dass sich mit exakt der gleichen Geschwindigkeit bewegt. Wenn Sie sich, wie in Einsteins Gedankenexperiment, parallel zu diesem Fahrzeug befänden, würden sie zu der Schlussfolgerung kommen, dass sich dieses Fahrzeug – im Verhältnis zu Ihrem Fahrzeug – in Ruhe befände; eine Schlussfolgerung, die in völliger Übereinstimmung mit dem Newtonschen Additionstheorem der Geschwindigkeiten stünde. Setzt man nämlich beide Geschwindigkeiten in seine Formel ein, dann ergibt sich eine Gesamtgeschwindigkeit von Null:

$$\mathbf{130\ km/h + (-\ 130\ km/h) = 0\ km/h}$$

Als Einstein in seinem Gedankenexperiment zu dem Licht aufschloss, hatte er genau diesen Gedanken durchgespielt. Umso überraschter war er über das Ergebnis. Er wusste nämlich, dass das Licht die besondere Eigenschaft besaß, *niemals ruhen zu können.* Dies war eine Erkenntnis, die der Physiker *James Clerk Maxwell* bereits Mitte des 19. Jahrhunderts gemacht hatte.

Dieser schottische Physiker hatte die Experimentalergebnisse des englischen Physikers *Michael Faraday* einer genauen Analyse unterzogen und auf dieser Grundlage eine bis heute gültige Theorie des elektromagnetischen Feldes formuliert. Mit dieser Theorie wurden die magnetischen und elektrischen Kräfte vereinheitlicht: Sie zeigte, dass magnetische und elektrische Kräfte keine grundlegend verschiedenen Kräfte waren, wie man bis dahin angenommen hatte, sondern dass sie lediglich zwei verschiedene Aspekte *ein- und desselben* Kraftfeldes darstellten – eines recht ungewöhnlichen Kraftfeldes allerdings.

Dieses Feld zeichnete sich dadurch aus, dass die Kraftlinien des elektrischen und des magnetischen Feldes in einem stetigen Auf und Ab wie die Glieder einer Kette ineinander griffen. Das magnetische Feld führte zu einem elektrischen Feld und dieses wiederum zu einem magnetischen – *ad infinitum.* Elektromagnetische Wellen waren also ihrer Natur nach höchst ruhelos. Sie hielten niemals an und sie wurden auch niemals langsamer. Sie breiteten sich unaufhörlich mit einer bestimmten und unveränderlichen Geschwindigkeit aus. Doch dieses Kraftfeld hielt noch eine andere Überraschung bereit: Seine Geschwindigkeit entsprach exakt der des Lichts. Damit war klar: Auch das Licht stellte eine solche elektromagnetische Welle dar. Es zeichnete sich daher ebenso wie alle anderen elektromagnetischen Wellen durch denselben ruhelosen Charakter aus.

Wenn man sich also mit Lichtgeschwindigkeit bewegte, so wie es sich Einstein in seinem Gedankenexperiment vorgestellt hatte, dann tat das Licht etwas, was eigentlich seiner inneren Natur widersprach: Es ruhte. Oder wie es Einstein in einer mehr physikalischen Sprache ausdrückte: Es bot den Anblick eines ruhenden, räumlich oszillierenden elektromagnetischen Feldes.

Während die meisten Physiker trotz dieses Widerspruches an der Newtonschen Mechanik festhielten, hatte Einstein den Mut, diese Theorie wie auch das von ihr propagierte Additionstheorem der Geschwindigkeiten grundlegend in Frage zu stellen.

Das war ein gewagter Schritt, denn die formalen Vorhersagen dieses Theorems deckten sich, wie wir gesehen haben, sehr gut mit der Erfahrung. Doch am Ende behielt Einstein Recht. Er konnte zeigen, dass es falsch war und dass die Natur Geschwindigkeiten auf eine gänzlich andere und sehr viel kompliziertere Weise addierte. Die nachfolgende Formel zeigt das Wie:

$$\frac{v + w}{1 + \frac{vw}{c^2}} = W$$

Bereits zu Einsteins Zeit gab es ein Experiment, dass die Gültigkeit dieser Formel bestätigte, und zwar das Experiment von *Fizeau.* Dieser hatte die Geschwindigkeit des Lichts in fließendem Wasser bei verschiedenen Strömungsgeschwindigkeiten gemessen. Dieses Experiment war, wie Einstein selbst betonte, von einigen der besten Experimentalphysiker wiederholt worden, so dass er das Resultat für unbezweifelbar hielt.[12]

Angesichts des eklatanten Unterschiedes zwischen der newtonschen und der relativistischen Formel fragen Sie sich vielleicht: Wie kann es sein, dass sich Physiker über das Wesen des Universums so gründlich geirrt haben?

In der Tat ist dieser Irrtum nahezu unerkennbar, sofern wir auf Geschwindigkeiten beschränkt bleiben, mit denen wir uns üblicherweise bewegen. Einsteins Formel besitzt nämlich die bemerkenswerte Eigenschaft, dass sie bei kleinen Geschwindigkeiten zu beinahe identischen Ergebnissen führt wie die Newtonsche. Und dieser Unterschied ist wirklich sehr, sehr klein. Er ist empirisch nahezu unmessbar. Wie klein dieser Unterschied ist, zeigt unser Flughafenbeispiel. Sie erinnern sich noch? Sie waren mit einer Geschwindigkeit von 9,6 Kilometer pro Stunde Ihrer Frau entgegen geeilt; eine Gesamtgeschwindigkeit (W), die sich aus der Addition der beiden Einzelgeschwindigkeiten ergab – ihrer eigenen Geschwindigkeit von 6 Kilometer pro Stunde (*v*) plus der Geschwindigkeit des Laufbandes von 3,6 Kilometer pro Stunde (*w*).

$$W_N = 9{,}6 \text{ km/h}$$

Geben wir dieselben Werte der Einzelgeschwindigkeiten in Einsteins Formel ein, dann ergibt sich in der Tat eine geringfügig geringere Gesamtgeschwindigkeit. Sie beträgt:

$$W_R = 9{,}59999999\ldots \text{ km/h}$$

Wir sehen, der *faktische* Unterschied zwischen beiden Universen – dem newtonschen und dem relativistischen – ist äußerst subtil. Er macht sich erst bei sehr viel höheren Geschwindigkeiten bemerkbar, nicht jedoch bei Geschwindigkeiten, mit denen wir es landläufig zu tun haben. Diesem subtilen Fehler auf die Spur zu kommen, war freilich auch für Einstein keine Kleinigkeit, denn auch er hatte mit dem ungewöhnlichen Verhalten des Lichts so seine Schwierigkeiten.

Wie ungewöhnlich dieses Verhalten des Lichts ist, beschreibt der Physiker *Arthur Zajonc*, Spezialist für Quantenoptik, in seinem Buch *Die gemeinsame Geschichte von Licht und Bewusstsein:* „Gäbe es in räumlichen Verhältnissen etwas Vergleichbares, so hätte dieses Objekt die ungewöhnliche Eigenschaft, dass es sich, wohin Sie auch gingen, immer in der gleichen Entfernung von Ihnen befände. Weder könnten Sie näher an das seltsame Objekt herankommen noch sich von ihm entfernen. Der Abstand bliebe immer gleich. Das ist das Wesen der Unendlichkeit. Ganz gleich, wie nahe man herangeht oder wie weit man sich entfernt, es bleibt immer der *gleiche* unendliche Abstand.“ [13]

Um diesem seltsamen Verhalten des Lichts Herr zu werden, bediente sich Einstein schließlich einer sehr unkonventionellen Strategie: *Er machte aus diesem Rätsel kurzerhand ein Prinzip.*[14]

Mit dieser aberwitzigen Tat veränderte er den Status der Lichtgeschwindigkeit radikal. Bis zu diesem Augenblick war die Lichtgeschwindigkeit lediglich eine Geschwindigkeit unter vielen anderen gewesen. Sie war durch nichts in besonderer Weise hervorgehoben. Es handelte sich einfach um die Geschwindigkeit des Lichts. Doch in dem Einstein die Konstanz der Lichtgeschwindigkeit zum Prinzip erhob, wurde sie schlagartig zu einer *absoluten, alle Bereiche der Physik bestimmenden Größe.* Damit revolutionierte er die Physik seiner Zeit.

Dass Einsteins unkonventionelle Strategie von Erfolg gekrönt war, war jedoch nicht von vornherein zu erwarten. Sie war eigentlich, wie es der Physiker *Carroll Lewis Epstein* ausdrückte, ein »verrückter Plan«. Epstein schildert dies so: Einstein sagte sich, ich weiß nicht, *warum* sich das Licht so seltsam verhält, und das soll mich auch nicht kümmern, vielleicht liegt das Problem ja gar nicht beim Licht selbst, sondern möglicherweise bei unserem physikalischen Verständnis des Begriffes der *Geschwindigkeit.* Also überlegte er sich weiter: Da die Geschwindigkeit physikalisch definiert ist als *Quotient aus einem Raum- und einem Zeitmaß* (Kilometer pro Sekunde), muss vielleicht irgendetwas an unseren Vorstellungen von Raum und Zeit verändert werden.[15]

Eben dieser Überlegung sei Einstein gefolgt. Doch eigentlich sei diese Vorgehensweise, wie Epstein ausführt, »verrückt«. Sie käme dem Versuch gleich, eine nicht richtig schließende Tür dadurch passend zu machen, dass man ein ganzes Haus mit Hilfe von Hydraulikpressen, die auf den Fundamenten aufsitzen würden, so lange anhebt und kippt, bis die Tür wieder schlösse. Es wäre, wie Epstein betont, eigentlich viel vernünftiger gewesen, die Tür abzuhobeln oder ein paar Ringe unter die Türangeln zulegen. Würde man dem ersten Plan folgen, wäre es viel wahrscheinlicher gewesen, dass hinterher *alle* Fenster und Türen des Hauses klemmen würden. Doch auf genau diese verrückte Weise sei Einstein vorgegangen: Obwohl es nur in der Optik und auch dort nur in einem ihrer Teilbereiche – der Lichtgeschwindigkeit – ein spezielles Problem gab, hätte Einstein zur Lösung dieses Problems das gesamte Fundament der Physik aus den Angeln gehoben, nämlich die Begriffe des absoluten Raumes und der absoluten Zeit.[16]

Dass Einstein mit dieser verrückten Vorgehensweise Erfolg hatte, verdankt er dem dritten Element der Speziellen Relativitätstheorie – den sogenannten *Lorentz-Transformationen.* Da es sich bei dieser Transformationsgruppe – im Rahmen dieser Theorie – um *direkte* Ableitungen aus dem Prinzip der Konstanz der Lichtgeschwindigkeit und dem Relativitätsprinzip handelte, bot die experimentelle Überprüfung ihrer Gültigkeit auch die Möglichkeit, diese verrückte Vorgehensweise *indirekt* auf ihre Berechtigung hin überprüfen zu können.[17] Hätte diese Möglichkeit nicht bestanden, dann hätte Einstein nicht so »verrückt« vorgehen können. So war, um ein Beispiel zu geben, Einsteins Schluss von der Konstanz der Lichtgeschwindigkeit *auf ihre Absolutheit* keineswegs durch die experimentell ermittelte Konstanz der Lichtgeschwindigkeit allein gerechtfertigt. Diese Absolutheit war in der Tat nur dann gerechtfertigt, wenn es nichts gab, das schneller war als das Licht. Und das war nicht *a priori* sichergestellt.

Auf diesen Umstand hat schon 1963 der Physiker und Philosoph *Carl Friedrich von Weizsäcker* anlässlich einer Tagung der Evangelischen Forschungsakademie hingewiesen. Er betonte, Einstein habe das Rätsel um die Konstanz der Lichtgeschwindigkeit nur dadurch gelöst, indem er Gebrauch machte von einem empirischen Faktum, dessen Relevanz er zu diesem Zweck überhaupt erst erkannt hat, nämlich dem empirischen Faktum, dass es keine Signalgeschwindigkeit gab, die schneller war, als die des Lichtes. Doch so ein empirisches Faktum sei etwas, woran man glauben könne oder auch nicht. Es sei zwar bisher so gewesen, aber es sei nicht ausgeschlossen, dass man noch eins finden könne. Empirische Argumentationen könnten, wie von Weizsäcker betonte, nie schärfer sein als so. Daher bewiese das empirische Faktum, dass wir noch keine Signale gefunden haben, die schneller liefen als das Licht, für sich genommen auch gar nichts. Man müsse halt nur warten, bis man ein solches Signal fände.[18]

Um also die Lichtgeschwindigkeit nicht nur als konstante, sondern auch als absolute Größe vertreten zu können, brauchte Einstein nicht nur ein *zusätzliches physikalisches Argument, dieses Argument musste auch empirisch begründet sein* – und ein solches Argument lieferte er auch. Es waren eben jene bereits erwähnten Lorentz-Transformationen.

c) Die Lorentz-Transformationen

Die Lorentz-Transformationen beschreiben mathematisch genau, wie sich Objekte verhalten müssen, wenn man Einsteins »verrückten Plan« für physikalisch gerechtfertigt halten will.

Bis zum Jahr 1905, bevor Einstein seine Spezielle Relativitätstheorie veröffentlichte, war man der Überzeugung, dass die von Newton formulierten Bewegungsgleichungen das Verhalten der Dinge korrekt beschreiben würden. So war Newtons zweites Gesetz, das traditionell durch die Gleichung

$$F = m \times a$$

(Kraft gleich Masse mal Beschleunigung) beschrieben wird, unter der stillschweigenden Annahme formuliert worden, dass die Masse *m* eine Konstante sei. Doch Einsteins Theorie behauptete etwas anderes: Sie behauptete, die Masse sei eine von der Geschwindigkeit abhängige Größe. Durch die Lorentz-Transformation war es Einstein möglich, ganz genau angeben zu können, um wie viel die Masse in Abhängigkeit von der Geschwindigkeit zunehmen *musste.*

$$m = m \times \gamma; \quad \gamma = \frac{1}{\sqrt{1 - \frac{v^2}{c^2}}}$$

Auch diese Formel – ebenso wie relativistische Formel für die Addition der Geschwindigkeiten – besitzt die besondere Eigenschaft, dass sie sich bei sehr kleinen Geschwindigkeiten nur sehr geringfügig von der Newtonschen unterscheidet. Selbst bei dem hohen Tempo der internationalen Raumstation ISS, die die Erde immerhin mit einer Geschwindigkeit von knapp 30.000 Kilometern pro Stunde umkreist, ist dieser Effekt verschwindend gering. Setzt man diesen Geschwindigkeitswert in die o. a. Formel ein, zeigt sich, dass der Korrekturfaktor für die Masse in der Größenordnung von eins zu zwei bis drei Milliarden liegt.

Doch in anderen modernen technologischen Geräten, wie z. B. einem Fernseher, in dem Elektronen mit über zwanzigtausend Volt beschleunigt werden, nimmt die Masse der Elektronen messbar zu. Würde man diesen Effekt der relativistischen Massenzunahme nicht berücksichtigen, dann würden die Elektronen auf einem Bildschirm Abweichungen im Millimeterbereich zeigen. Die Folge wäre, dass alle Bilder verschwommen aussähen.

Doch wirklich dramatisch wird dieser Effekt erst dann, wenn wir es mit Geschwindigkeiten zu tun haben, die denen des Lichts nahe kommen. Hier ein paar Beispiele: So würde die Masse eines Objektes bei 99,9 Prozent der Lichtgeschwindigkeit ungefähr 22mal so schwer sein wie im Ruhezustand; bei 99,999 Prozent würde sie schon um den Faktor 224 zugenommen haben; bei 99,99999999 Prozent der Lichtgeschwindigkeit schließlich hätten wir es sogar mit dem Faktor 70.000 zu tun.

Dieser relativistische Effekt der Massenzunahme konnte, wie die nachfolgende Grafik dokumentiert, mit großer Genauigkeit bestätigt werden. In dem von William Bertozzi 1964 durchgeführten Experiment wurden Elektronen im elektrischen Feld eines Linearbeschleunigers mit unterschiedlichen kinetischen Energien beschleunigt und dann in ein Vakuum gelenkt. Hier wurde ihre Geschwindigkeit über ihre Flugzeit zwischen zwei Targets in bekanntem Abstand ermittelt.[19] Die vier gemessenen Geschwindigkeiten, indiziert durch die Punkte, zeigten eine signifikante Übereinstimmung mit der relativistischen Funktion.[20]

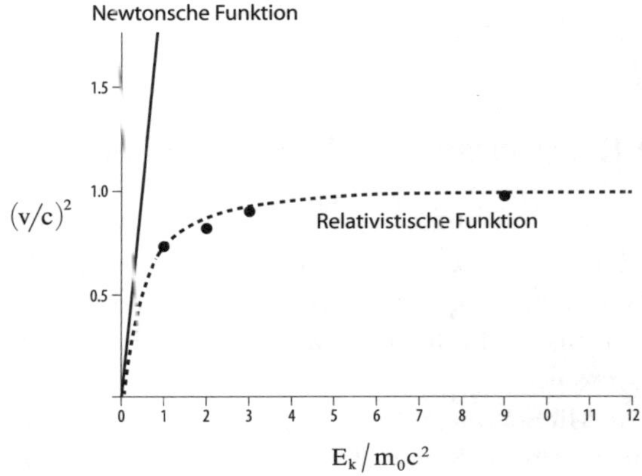

Diese und eine Reihe anderer, bereits vor 1964 durchgeführten Messungen schienen zu beweisen, dass sich die Natur tatsächlich so verrückt verhielt, wie Einstein angenommen hatte.

Da die Spezielle Relativitätstheorie auf nur drei Elementen basiert – und diese drei Elemente experimentell und theoretisch nahtlos ineinander greifen, vermittelt sie beinahe zwangsläufig jenes Gefühl, dass auch Einstein von der Richtigkeit seiner Theorie überzeugt sein ließ: *Alles scheint perfekt zusammenzupassen.*

Doch vielleicht ist dieses Gefühl trügerisch. Wie man der Grafik entnehmen kann, weisen drei der vier gemessenen Geschwindigkeiten *kleinere Werte* auf als die relativistische Funktion vorhersagt. Bislang hat kein Physiker diesen experimentellen Abweichungen Beachtung geschenkt. Doch möglicherweise handelt es sich bei ihnen, wie ich in Abschnitt IV zeigen möchte, um genau jenen speziellen Effekt, den ich eingangs als den »Schatten des Geistes« bezeichnet habe. Sollte dies der Fall sein, dann ist die Spezielle Relativitätstheorie vielleicht nicht ganz so perfekt, wie es scheint. Dass mit dieser Theorie trotz ihres perfekten Aufbaus »irgendetwas« nicht stimmt, *dieses Gefühl* hat sie durch ihre gesamte, mittlerweile mehr als einhundertjährige Geschichte hindurch begleitet. Dieses Gefühl entzündete sich in aller Regel an den von ihr etablierten und als eigenartig empfundenen Vorstellungen von Raum und Zeit. Diese Vorstellungen sollten immer wieder Kritik und Widerstand herausfordern.

Über die Relativität von Raum und Zeit

Tatsächlich hat die Spezielle Relativitätstheorie die bis dahin gültigen Newtonschen Auffassungen über Raum und Zeit so radikal verändert, dass selbst Physiker, die ihr den Weg gebahnt hatten, nicht bereit waren, ihr zu folgen.

So blieben Michelson und Morley, also jene beiden Naturwissenschaftler, die das für die Spezielle Relativitätstheorie so entscheidende Michelson-Morley-Experiment entwickelt und durchgeführt hatten, ein Leben lang davon überzeugt, doch noch eine von der Konstanz der Lichtgeschwindigkeit abweichende Geschwindigkeit nachweisen zu können. Ihre Hoffnung blieb bis heute unerfüllt. Die Konstanz der Lichtgeschwindigkeit ist mittlerweile dank moderner Lasersysteme mit einer millionenfach gesteigerten Genauigkeit nachgewiesen worden.

Dass die von der Speziellen Relativitätstheorie beschriebenen Veränderungen von Raum und Zeit als so radikal empfunden wurden, hat vor allem mit der »Relativität der Zeit« zu tun. Dieser Aspekt hat zweifellos die meisten Kritiker auf den Plan gerufen.[21]

Die Absolutheit der Zeit war bis dahin noch von keinem Physiker ernsthaft in Frage gestellt worden. Man war allgemein davon überzeugt, dass es so etwas wie einen gegenwärtigen Augenblick gab, der für das *gesamte Universum* (wie auch für alle in ihm existierenden Beobachter) Geltung hatte. Diese Überzeugung war nicht nur Teil der bis dahin äußerst erfolgreichen Newtonschen Theorie, sie hatte zudem tiefe emotionale Wurzeln im menschlichen Bewusstsein.

Obwohl wir nicht wissen, was Zeit ist, so haben wir jedoch das klare *Gefühl,* dass der gegenwärtige Augenblick oder kurz: die Gegenwart gegenüber den beiden anderen Zeiten – Vergangenheit und Zukunft – privilegiert ist. Es ist dieser magische Augenblick, der uns das Gefühl vermittelt, dass die Zeit »fließt«. Und genau von diesem Augenblick behauptete Einstein nunmehr, er entbehre jeglicher objektivierbaren Bedeutung. Er bediente sich zur physikalischen Rechtfertigung dieser weitreichenden Behauptung geradezu entwaffnend einfacher Mittel.

Ohne sich auf den rätselhaften Begriff der absoluten Zeit einzulassen, der ohnehin sehr leicht den Geschmack des Tautologischen annimmt, erklärte er: *Zeit ist das, was von Uhren gemessen wird.*

Geleitet von dieser fast naiv klingenden Erklärung ging er dem Begriff der absoluten Zeit auf den Grund. Er wies darauf hin, dass man als Physiker von diesem Begriff nur dann sinnvoll Gebrauch machen könne, wenn auch die Möglichkeit gegeben war, im konkreten Fall herauszufinden, ob der Begriff zutraf oder nicht. War es möglich, so fragte er, durch ein konkretes Messverfahren zu überprüfen, ob über das gesamte Universum verstreute Uhren tatsächlich alle dieselbe Zeit anzeigten, so wie es der Begriff der absoluten Zeit stillschweigend behauptete?

Es zeigte sich, dass dieses Verfahren nur dann funktionierte, wenn man über *unendlich schnelle Signale* verfügte, doch die schnellsten Signale, die es zu seiner Zeit gab, waren Lichtsignale. Von dieser konkreten Beschränkung ausgehend, untersuchte Einstein schließlich Fragen wie: Wie würden verschiedene, gegeneinander bewegte Beobachter die Zeit messen, wenn sie sich hinsichtlich ihrer Messungen nur mit Hilfe von Lichtsignalen untereinander verständigen könnten? Würden sie auf ihren Uhren alle dieselbe Zeit registrieren, sofern sie, wie es das Relativitätsprinzip forderte, vollkommen gleichberechtigt wären? Würden also die Zeigerstellungen in einem ruhenden und einem bewegten Zug wirklich identisch sein?

Die Untersuchung dieses Fragenkomplexes führte Einstein schließlich zu der revolutionären Erkenntnis, dass Zeit ein relativer, vom Bewegungszustand des Bezugssystems abhängiger Begriff ist. Er erkannte, dass eine bewegte Uhr langsamer tickt als eine ruhende. Und mit eben dieser Konsequenz – der Relativität der Zeit – konnten sich viele, der Newtonschen Mechanik verhaftete Physiker nicht anfreunden. Bis heute nicht.[22] Sie erschien ihnen bizarr und unwirklich.

Doch auch in diesem Punkt sollte sich Einsteins Bild des Universums als glaubhaft erweisen. Anhand der Zerfallsraten von Myonen fanden Physiker bestätigt, dass ruhende Myonen tatsächlich schneller zerfallen als bewegte. In gewöhnlichen Laborversuchen zerfallen sie bereits nach zwei Millionstel Sekunde. Doch wenn man sie innerhalb eines Teilchenbeschleunigers auf eine große Geschwindigkeit bringt, setzt dieser Zerfall erst sehr viel später ein. Bei 99,5 Prozent der Lichtgeschwindigkeit nimmt ihre durchschnittliche Lebensdauer um den Faktor 10 zu.

Dass die Spezielle Relativitätstheorie eine solche radikale Revision der Begriffe von Raum und Zeit nach sich zog, hat wesentlich damit zu tun, *wie* Einstein von den Lorentz-Transformationen Gebrauch gemacht hat. Während die meisten Physiker um 1900 herum an den Begriffen des absoluten Raumes und der absoluten Zeit festgehalten hatten und in den Lorentz-Transformationen nicht mehr als einen mathematischen Behelf sahen, um die Newtonsche Mechanik mit den Ergebnissen des Michelson-Morley-Experiments in Einklang zu bringen, hatte Einstein den Mut, sie *direkt* auf die Begriffe von Raum und Zeit anzuwenden. Er zeigte, dass sich auf diese Weise der vermeintliche Widerspruch zwischen dem Relativitätsprinzip und der Konstanz der Lichtgeschwindigkeit auf eine sehr einfache und elegante Weise lösen ließ, ohne dass man sich auf den undurchsichtigen und paradox anmutenden Äther beziehen musste. Wandte man nämlich die Lorentz-Transformationen direkt auf Raum und Zeit an, dann kam jeder Beobachter, wie Einstein zeigen konnte, unabhängig von seiner eigenen Geschwindigkeit, auf stets dieselbe Geschwindigkeit des Lichts – genau so wie es Michelson und Morley bei ihrem Experiment gemessen hatten. Mit Hilfe der bis dahin als gültig angenommenen *Galilei-Transformationen* war dies nicht möglich. Dass dies nicht möglich war, zeigte eben jenes Versagen des Newtonschen Additionstheorems der Geschwindigkeiten, dass in enger Beziehung zu dieser traditionellen Transformationsgruppe stand.

Gleichwohl hatte diese direkte Anwendung physikalisch unbequeme Konsequenzen: Die Lorentz-Transformationen verknüpften – im Gegensatz zu den Galilei-Transformationen – Raum und Zeit auf eine so enge Weise, dass sie nicht mehr länger als absolute Kategorien aufgefasst werden konnten, wie es in der Newtonschen Mechanik der Fall war. Raum und Zeit waren, für sich genommen, nur noch als *relative Größen* vertretbar.

Doch während die Relativität des Raumes – oder spezifischer: die Relativität von Längen – noch anschaulich nachvollziehbar war, denn ein Stab konnte, je nach gewähltem Bezugssystem, kürzer oder länger erscheinen, sperrte sich die Relativität der Zeit einem solchen anschaulichen Verständnis.

Da zeitliche Intervalle kleiner oder größer sein konnten, je nachdem, mit welcher Geschwindigkeit man sich bewegte, verloren auch Angaben, wie *vorher* und *nachher,* ihre absolute, vom Bezugssystem unabhängige Bedeutung. Doch gerade diese Auffassung, dass die zeitliche Anordnung zweier Vorgänge *für jeden Beobachter* dieselbe sein müsse, war tief im abendländischen Denken verankert.

Um diese Schwierigkeiten im Verständnis der relativistischen Struktur von Raum und Zeit auszuräumen, hat der Mathematiker *Hermann Minkowski* entsprechende geometrische Diagramme entwickelt. Eines dieser Diagramme zeigt auf eine sehr anschauliche Weise, wie der »relativistische Bauplan des Universums« aussieht – und wie er sich von dem Newtonschen Bauplan unterscheidet.

„Die Anschauungen über Raum und Zeit, die ich Ihnen entwickeln möchte, sind auf experimentell-physikalischem Boden erwachsen. Darin liegt ihre Stärke. Ihre Tendenz ist eine radikale. Von Stund an sollen Raum für sich und Zeit für sich völlig zu Schatten herabsinken und nur noch eine Art Union der beiden soll Selbstständigkeit bewahren."

Hermann Minkowski in seinem Vortrag auf der 80. Versammlung Deutscher Naturforscher und Ärzte zu Cöln am 21. September 1908

Der Lichtkegel oder: Der relativistische Bauplan

In der Newtonschen Mechanik galten Raum und Zeit nicht nur als absolut, sie waren auch *unabhängig* voneinander. Durch die Spezielle Relativitätstheorie, d. h. durch die Lorentz-Transformationen, sind Raum und Zeit zu einem vierdimensionalen Raum-Zeit-Kontinuum vereinigt worden.

Diese vereinigte Gestalt der »Raumzeit«, wie sie auch genannt wird, lässt sich mit Hilfe eines besonderen »Raum-Zeit-Diagramms« beschreiben. Seine Einführung geht, wie bereits angesprochen, auf den Mathematiker *Hermann Minkowski* zurück. Es wird daher auch gelegentlich als ‚Minkowski-Diagramm' bezeichnet.

Bei den in Lehrbüchern oft zu findenden Darstellungen dieses Diagramms wird per se nur eine der drei Raumdimensionen dargestellt. Hierdurch lässt sich die von der Speziellen Relativitätstheorie begründete Raumzeit geometrisch *in Gestalt eines zweidimensionalen Musters* darstellen, denn die Zeit hat auch in Einsteins Theorie nur eine Dimension. In der nachfolgenden Darstellung ist dieses Muster zu sehen, wobei die horizontale Achse die Zeit und die vertikale Achse den Raum repräsentiert.

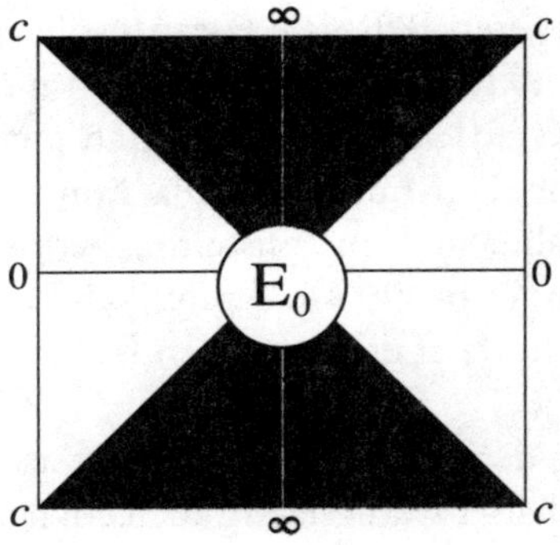

Dass in und mit diesem geometrischen Muster wirklich der relativistische Bauplan des Universums eingefangen ist, lässt sich anhand der von Minkowski eingeführten Begriffe, wie z. B. dem Begriff der ‚Weltlinie', nachvollziehen.

Weltlinien stellen innerhalb eines solchen Diagramms die räumliche Lage von Objekten in Abhängigkeit von der Zeit dar. Sie beschreiben als solches das Verhalten der Dinge in dem relativistischen Universum.

So würde die Weltlinie eines Zuges, der mit einer konstanten Geschwindigkeit von 120 Kilometer pro Stunde führe, in diesem Bild eine gerade, leicht geneigte Linie sein. Auch die Weltlinie eines Verkehrsflugzeuges, dass eine konstante Geschwindigkeit von 700 Kilometer pro Stunde aufwiese, würde eine gerade, leicht geneigte Linie sein. Lediglich der Winkel, mit dem beide Weltlinien gegenüber der Horizontalen geneigt wären, würde sich geringfügig voneinander unterscheiden. Die Weltlinie des Zuges wäre ein wenig flacher als die Weltlinie des Flugzeuges.[23]

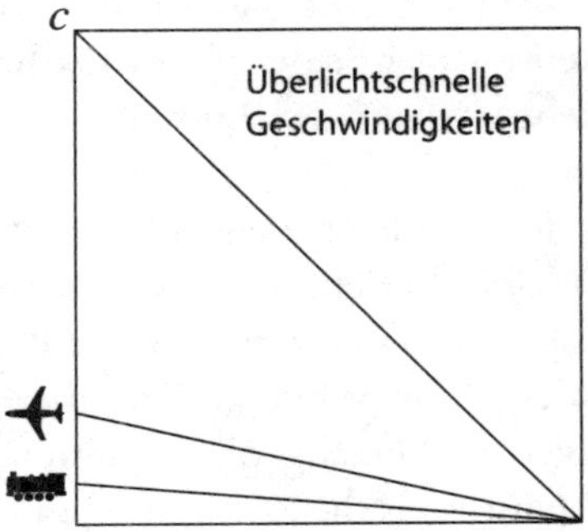

Diese beiden konkreten Beispiele lassen vielleicht schon erahnen, warum die Einsteinsche Welt nur Weltlinien mit einer maximalen Neigung von 45 Grad erlaubt. Tatsächlich entspricht diese Neigung in der Sprache des Minkowski-Diagramms der Geschwindigkeit des Lichts. Daher stellt in Einsteins Theorie auch der gesamte Winkelbereich von 45 bis 90 Grad physikalisch verbotenes Gebiet dar. Dieses Gebiet umfasst den gesamten Bereich überlichtschneller Vorgänge.

Die Einführung der Lichtgeschwindigkeit als absolute Grenzgeschwindigkeit beinhaltet zwangsläufig auch ein neues Verständnis der Begriffe von *Vergangenheit, Gegenwart und Zukunft.* So kann das in der Mitte dieses Diagramms ausgewiesene, in der Gegenwart liegende (punktförmige) Ereignis E_0 relativistisch nur von solchen Ereignissen Kenntnis haben (und durch sie beeinflusst sein), die innerhalb oder auf dem Rand des von zwei Lichtsignalen gebildeten, nach rechts geöffneten Kegels liegen. In dem entsprechenden, nach links geöffneten Kegel befinden sich alle Ereignisse, die von dem Ereignis E_0 Kenntnis haben oder von ihm beeinflusst sein können.

Alle außerhalb dieser beiden Kegel liegenden Ereignisse können E_0 daher weder beeinflussen noch von ihm beeinflusst werden. Eine solche Beeinflussung würde Kraftfelder voraussetzen, die ihren Einfluss mit einer höheren Geschwindigkeit als der des Lichts geltend machen könnten. Doch Einstein zufolge war die Lichtgeschwindigkeit nicht nur die höchstmögliche Geschwindigkeit für materielle Körper, diese Geschwindigkeitsbegrenzung betraf ausnahmslos alle physikalischen Größen, einerlei ob es sich um Kräfte, Felder oder Körper handelte.

Es gibt daher im Rahmen der Speziellen Relativitätstheorie auch einen Bereich *räumlich getrennter* Ereignisse. Keines der dort liegenden Ereignisse (hier schwarz markiert) kann infolge der Absolutheit der Lichtgeschwindigkeit in irgendeiner physikalischen Verbindung mit dem Ereignis E_0 stehen. Man bezeichnet diesen Bereich daher auch salopp als »Anderswo«.

Da jedoch jedes der dort liegenden Ereignisse in einem bestimmten Bezugssystem in einer Beziehung der Gleichzeitigkeit zu E_0 steht, werden all diese Ereignisse *in zeitlicher Hinsicht* als die Gegenwart von E_0 bezeichnet. In diesem Sinne bilden dann die Ereignisse des nach links geöffneten Kegels die Vergangenheit, während die Ereignisse des nach rechts geöffneten Kegels die Zukunft repräsentieren.

Da diese beiden Kegel durch die Lichtgeschwindigkeit konstituiert sind, wird dieses gesamte geometrische Muster innerhalb der modernen Physik auch als »Lichtkegel« bezeichnet.

Wie sehr die Spezielle Relativitätstheorie unser Verständnis von Raum und Zeit verändert hat, wird deutlich, wenn man diesen relativistischen Bauplan des Universums dem der Newtonschen Mechanik gegenüberstellt. Das nachfolgende geometrische Muster zeigt, wie der »newtonsche Bauplan des Universums« in der Sprache Minkowskis aussähe.

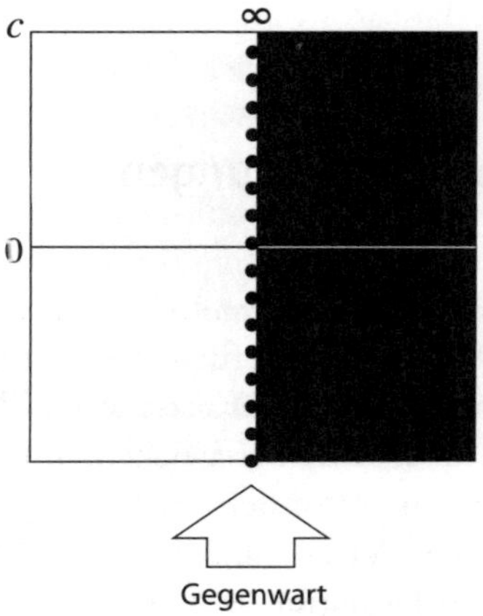

Man sieht, dass dieser Bauplan ein grundlegend anderes Bild vom Universum bietet als der relativistische Bauplan.[24] Doch wenn sich Physiker in einem Punkt einig sind, dann in der Überzeugung, dass eine Rückkehr zu dem Newtonschen Bild mit an Sicherheit grenzender Wahrscheinlichkeit ausgeschlossen werden kann. Der Charakter der von der Speziellen Relativitätstheorie entdeckten Zusammenhänge lässt, so hat es der Physiker *Werner Heisenberg* einmal ausgedrückt, keinen Zweifel darüber zu, dass diese Schritte nie wieder zurückgenommen werden können.[25]

Gleichwohl hat es wiederholt Versuche gegeben, über Einsteins Theorie hinauszugehen. Doch bislang ist jeder dieser Versuche gescheitert. Der relativistische Bauplan hat sich bis heute in unveränderter Form behaupten können.

Ungeachtet dieses bemerkenswerten Erfolges, den Einsteins Theorie bislang für sich verbuchen konnte, ist in den letzten beiden Jahrzehnten jedoch so viel Bewegung in die Physik gekommen, dass sich der Druck auf diese Theorie enorm erhöht hat. Dieser erhöhte Druck speist sich sowohl aus neuen experimentellen Daten als auch aus neuen theoretischen Entwicklungen. Viele dieser Entwicklungen deuten auf die Existenz physikalisch »verbotener« überlichtschneller Signale hin. In dem nachfolgenden Kapitel sollen ein paar dieser Entwicklungen streiflichtartig berührt werden.

Von spukhaften Fernwirkungen

Keine Theorie hat Albert Einstein mehr herausgefordert als die Quantentheorie. Da die Quantentheorie für den atomaren und subatomaren Bereich der Wirklichkeit nur noch Wahrscheinlichkeitsaussagen zuließ, war Albert Einstein lebenslang der Überzeugung, dass die Quantentheorie *unvollständig* sein müsse. Seiner Meinung nach musste es einen verborgenen Bereich der Wirklichkeit geben, den die Quantentheorie noch nicht berücksichtigt hatte.

Ein Beispiel, das diese Unvollständigkeit deutlich macht: Beobachten wir 1000 freie, nicht im Atomkern gebundene Neutronen, dann wissen wir, dass innerhalb der nächsten 15,3 Minuten 500 von ihnen zerfallen sein werden. Man nennt dies auch treffend die *Halbwertszeit* von Neutronen.

Obwohl diese 500 Neutronen stets in derselben vorhersagbaren Weise zerfallen – und zwar in 500 Protonen, 500 Elektronen und 500 Neutrinos –, so ist es jedoch im Rahmen der Quantentheorie unmöglich, präzise vorherzusagen, welches Neutron unter diesen 1000 Neutronen zu welcher Zeit zerfallen wird. Sie erlaubt lediglich statistische Aussagen über das Zerfallsverhalten einen Ensembles von Neutronen.

Die meisten Physiker von heute sind nach wie vor davon überzeugt, dass diese Unmöglichkeit der Vorhersage keine Schwäche der Quantentheorie darstellt, sondern dass mit ihr ein *essentieller Zug unserer Wirklichkeit* bezeichnet ist – und dass es daher auch keine

Theorie geben kann, um unsere Unwissenheit *an dieser Stelle* aufzulösen. Einstein konnte sich mit dieser Überzeugung nie abfinden: Er war der Auffassung, dass es für den Zerfall von Neutronen interne, im einzelnen Neutron liegende individuelle Ursachen geben musste. Daher handelte es sich seiner Meinung nach bei der Quantentheorie um eine unvollständige Theorie. Er quittierte diese Auffassung gern mit der Metapher: *Gott würfelt nicht.*

Um diese Unvollständigkeit der Quantentheorie auch physikalisch zu beweisen, veröffentlichte er 1935 zusammen mit Boris Podolsky und Nathan Rosen einen nur vierseitigen Artikel: *Can Quantum-Mechanical Description of Physical Reality Be Considered Complete?* Dieser Artikel ist uns heute – aufgrund der Anfangsbuchstaben der Namen ihrer Autoren – als das sogenannte *EPR-Paradoxon* bekannt.[26]

Dieses Paradoxon handelt von einem Quantensystem zweier Elektronen, die bei strikter Auslegung der Quantentheorie auch dann noch eine innige »Korrelation« zueinander unterhalten, *wenn sie räumlich voneinander getrennt sind.*

Da sich infolge der Unüberschreitbarkeit der Lichtgeschwindigkeit solche räumlich voneinander getrennten Partikel aber gar nicht wechselseitig beeinflusst haben könnten, bezeichnete Einstein diese Korrelation spöttisch als »spukhafte Fernwirkung«. Gestützt auf seine Spezielle Relativitätstheorie, sah er in dieser Korrelation ein klares Indiz dafür, dass die Quantentheorie eine nur *unvollständige* Beschreibung der physikalischen Realität lieferte.

Dieser Einwand Einsteins löste innerhalb der modernen Physik eine Grundlagendebatte über den Geltungsbereich der Quantentheorie aus. Physiker wie Niels Bohr waren trotz dieses Einwandes der Überzeugung, dass es sich bei der Quantentheorie um eine *vollständige* Theorie handelte. Sie betrachteten diese Korrelation nicht als Ausdruck ihrer Unvollständigkeit, sondern sahen in ihr einen neuen strukturellen Aspekt des physikalischen Universums, der mit dieser Theorie aufgedeckt worden war. Sie waren mithin der Überzeugung, dass das von uns beobachtete Universum tatsächlich wesensmäßig durch solche innigen Korrelationen charakterisiert war.

Diese Debatte blieb jedoch für mehr als drei Jahrzehnte ‚rein akademisch': Es gab keinerlei Möglichkeit, zwischen beiden Überzeugungen experimentell zu entscheiden. Dies sollte sich erst 1964 ändern. In diesem Jahr gelang es dem irischen Physiker *John Bell* eine nach ihm benannte ‚Ungleichung' zu formulieren: die sogenannte *Bellsche Ungleichung*.

Diese Ungleichung zeigte, dass das Verhalten von Quantensystemen physikalisch nicht durch *lokale, auf den Wert der Lichtgeschwindigkeit begrenzte Wechselwirkungen*, wie sie die Spezielle Relativitätstheorie fordert, erklärbar ist, sondern dass es spukhafte Fernwirkungen notwendigerweise geben muss. Anfang der 80er Jahre konnte diese Ungleichung auch experimentell überzeugend bestätigt werden. Entgegen dem Einwand Einsteins erwies sich die Quantentheorie also keineswegs als unvollständig. Das Universum bediente sich allem Anschein nach tatsächlich solcher ‚spukhaften Fernwirkungen'.

Obwohl dieser Nachweis der Überzeugung Einsteins eine klare Absage erteilte und bereits den Verdacht aufkommen ließ, dass es womöglich doch schnellere Signale als die des Lichts gab, so erwiesen sich diese »nichtlokalen« Zusammenhänge, wie man sie in der modernen Physik neutral nennt, als nicht geeignet, um Informationen zwischen räumlich voneinander getrennten Regionen überlichtschnell auszutauschen. [27] Es war also nicht möglich, auf ihrer Grundlage die Spezielle Relativitätstheorie für unvollständig oder gar falsch zu erklären.

Doch zu Beginn der 90er Jahre sollte die Spezielle Relativitätstheorie erneut ins Visier der Kritik geraten. Ein deutscher Physiker namens *Günter Nimtz* behauptete nämlich, Informationen überlichtschnell übertragen zu haben.

Von überlichtschnellen Signalen

1992 schickten der Kölner Experimentalphysiker Günter Nimtz und sein Mitarbeiter Achim Enders Mikrowellen durch ein Metallrohr. Mit Hilfe dieser Versuchsanordnung konnten sie einen in der Quantenmechanik als »Tunneleffekt« bekannten Effekt genauer untersuchen.

Diesem Effekt liegt die erstaunliche Tatsache zugrunde, dass Elementarteilchen, wie z. B. Elektronen, einen als unüberwindlich geltenden Energiewall überwinden können. In der klassischen Physik gibt es hierfür kein Analogon: Wenn Sie einen Ball 100-mal gegen eine Mauer schießen, dann wird der Ball, den Gesetzen der klassischen Physik folgend, auch exakt 100-mal zurückprallen. Doch für ein Elektron gilt dieses strikte Gesetz nicht: Nach den Regeln der Quantenmechanik ist es einem Elektron prinzipiell möglich, durch diese Wand »hindurchzutunneln«.

Dieser Tunneleffekt wurde bereits 1926 von dem Physiker Erwin Schrödinger, einem der Mitbegründer der Quantenmechanik, vorhergesagt. Er zeigte, dass Teilchen in seltenen Fällen eine Energiebarriere auch dann überwinden können, wenn ihre Energie dazu eigentlich nicht ausreicht. Dieser Effekt wurde mittlerweile in unzählig vielen Experimenten bestätigt.

Da es seit fünfzig Jahren schon theoretische Hinweise gab, dass Teilchen im Inneren des Tunnels höhere Geschwindigkeiten erreichen können als die der Lichtgeschwindigkeit, diesen Hinweisen jedoch experimentell nie ernsthaft nachgegangen worden war, nahmen sich Nimtz und Enders dieser Aufgabe an. Im Zuge ihrer Experimente entdeckten sie dann, dass Teilchen einen solchen Tunnel tatsächlich mit Überlichtgeschwindigkeit durcheilten. Als sie deren Geschwindigkeit maßen, registrierten sie eine doppelte Lichtgeschwindigkeit.

Diverse namhafte Physiker bestritten die Existenz solcher Überlichtgeschwindigkeiten. Sie machten deutlich, dass Nimtz und Enders bei ihrem Versuch gar nicht wirklich Informationen mit überlichtschneller Geschwindigkeit verschickt hätten. Sie wiesen darauf hin, dass Nimtz und Enders einen völlig »unmodulierten« Wellenzug durch das Rohr hindurch geschickt hätten; ein Einwand, der zutraf. Was am anderen Ende des Rohrs herauskam, war keine Information, sondern monotones Rauschen.

Um diese Schwäche des Experiments zu beseitigen, wiederholte Nimtz, drei Jahre später, diesen Versuch in leicht veränderter Form. Dieses Mal modulierte er seinen Wellenzug – und er bediente sich hierbei einer künstlerisch äußerst ausgesuchten »Fracht«: er modulierte ihn mit Mozarts Symphonie Nummer 40 in g-Moll.

Als das Experiment durchgeführt wurde, war am anderen Ende des Rohrs nicht nur Mozarts Symphonie zu hören, es zeigte sich sogar, dass Mozarts Symphonie mit einem noch höheren Tempo durch das Rohr gewandert war als der unmodulierte Wellenzug zuvor: Nimtz hatte eine Geschwindigkeit von dem 4,7fachen der Lichtgeschwindigkeit gemessen.

Seit der gelungenen Mozart-Übertragung ist in der internationalen Physiker-Szene ein heftiger Streit um die Interpretation der Nimtz-Ergebnisse entbrannt. Da sie Zweifel an der Gültigkeit der Speziellen Relativitätstheorie, speziell an der Absolutheit der Lichtgeschwindigkeit, aufkommen ließen, stießen sie sofort auf erbitterte Kritik. Kollegen warfen Nimtz vor, er habe schlampig gearbeitet und ungenau gemessen. Einige Fachkollegen beschimpften ihn sogar als wissenschaftlich unqualifiziert, weil er doch wissen müsse, dass sein vermeintliches Ergebnis gar nicht möglich sei. Nur wenige nahmen Nimtz so ernst, dass sie sein Experiment wiederholten, und sei es auch nur, um ihm nachzuweisen, wo der Fehler lag. Doch in einigen Physik-Laboratorien konnten Nimtz' Ergebnisse erfolgreich reproduziert werden.

Ungeachtet dessen dauert der Streit um diese Messergebnisse bis heute an. Es ist nämlich unklar, ob Nimtz in und mit seinen Experimenten *wirklich* Überlichtgeschwindigkeiten gemessen hat. Diese Unklarheit rührt daher, dass sich Nimtz zum Nachweis seiner Überlichtgeschwindigkeiten eines Effektes bedient hat, der in der Quantentheorie zu Hause ist – und die Quantentheorie spricht eine grundlegend andere Sprache als die Spezielle Relativitätstheorie.

So sind in Einsteins Theorie Ort und Geschwindigkeit eines Objektes, wie z. B. eines Fußballes, wohldefiniert. In der Quantentheorie gilt dies jedoch nicht. Hier hat das von Werner Heisenberg in den zwanziger Jahren formulierte *Unschärfenprinzip* Geltung: Es besagt, dass sich Ort und Geschwindigkeit eines atomaren oder subatomaren Teilchen nicht gleichzeitig beliebig genau messen lassen. Eben diese Unschärfe kommt bei den von Nimtz durchgeführten Messungen zum Tragen. Elementarteilchen, wie z. B. ein Photon, sind eben keine Fußbälle mit wohldefiniertem Ort. Sie gleichen eher einem ‚Sandhaufen mit diffusem Rand', wobei die theoretische Wahrscheinlichkeit, das Photon zu finden, im Zentrum des Haufens am größten und am Rand am geringsten ist.

Wenn man nun einen solchen unscharfen ‚Sandhaufen' durch einen Tunnel schickt, so wie es Nimtz getan hat, dann hängt die ermittelte Geschwindigkeit dieses Haufens entscheidend davon ab, an welcher Stelle man sie misst. Würde man sie beispielsweise an der vordersten Spitze des Sandhaufens messen, dann würde man, worauf vor allem Kritiker von Nimtz nachdrücklich hinweisen, eine Geschwindigkeit ermitteln, die genau der des Lichts entspricht. Zur Messung von Überlichtgeschwindigkeiten käme es erst dann, wenn man sich allein auf das Maximum des Sandhaufens bezöge. Die entscheidende Frage, um die sich die Physiker daher streiten, lautet: Ist der Sandhaufen (das Photon) am Ziel, wenn die ersten Sandkrümel gerade den Ausgang des Tunnels erreichen, oder erst, wenn der Gipfel des Haufens auftaucht?

Einige Physiker kritisieren Nimtz' Experiment vor allem mit dem Hinweis, er habe sich in seinem Experiment wohlweislich für die zweite Variante entschieden. Seine Messung von Überlichtgeschwindigkeiten sei daher das Ergebnis einer höchst *willkürlichen Deutung der Quantentheorie.* Nimtz wehrt sich gegen diesen Vorwurf mit dem Hinweis, dass die Front-Messung nur dann Sinn machen würde, wenn das Signal ohne Vorwarnung plötzlich da sei und genauso plötzlich wieder verschwände. Doch solche Signale gäbe es in der Welt der Quanten nicht.[28]

Trotz dieser Rechtfertigungsversuche sind viele Physiker bis heute skeptisch geblieben, denn ihrer Ansicht nach wird durch dieses Experiment eine philosophische Frage berührt, die sich gar nicht stellt: Wegen der Heisenbergschen Unschärfenrelation könne man prinzipiell gar nicht entscheiden, wo sich das Photon im Tunnel genau befände. Daher mache es auch keinen Sinn, überhaupt von der Messung einer Geschwindigkeit zu sprechen.[29]

Aufgrund dieser theoretisch nach wie vor ungelösten Deutungsprobleme konnte bis heute keine Entscheidung darüber getroffen werden, ob Nimtz in seinen Experimenten *wirklich* Informationen mit Überlichtgeschwindigkeit übertragen hat oder nicht.

Auch wenn die Spezielle Relativitätstheorie bislang allen modernen Angriffen getrotzt hat, der Sturmlauf auf sie dauert mit unverminderter Intensität an. Das nachfolgende Kapitel zeigt die Hintergründe hierfür.

Auf der Suche nach der Weltformel

Im Zuge des Einstein-Jahres 2005 hat die Zeitschrift *Spektrum der Wissenschaften,* wie so viele andere Fachzeitschriften, ein Spezial über Albert Einstein herausgegeben. Der Schlussartikel befasst sich ausdrücklich mit den Grenzen der Speziellen Relativitätstheorie. Sein Untertitel: Einst war den Physikern Einsteins Prinzip der Relativität heilig. Nun halten sie Ausschau nach Verletzungen dieses Prinzips – auf der Suche nach einer umfassenderen Theorie. Ihr Autor: *Alan Kostelecký*. Er ist Professor für theoretische Physik an der Indiana-Universität/USA. Seine Arbeiten über die Lorentz-Transformationen haben den Fokus auf Relativitätsverletzungen gelenkt und eine Vielzahl von neuen Experimenten inspiriert.

Wie wir aus diesem Artikel erfahren, sind einige Physiker in den letzten Jahren der Frage nachgegangen, ob die Postulate der Relativitätstheorie vielleicht nur eine Annäherung an die Wirklichkeit darstellen. Ihr Antrieb dabei sei die Suche nach einer einheitlichen Theorie, die alle bekannten Kräfte und Teilchen unter einem Dach vereint. Diese Forscher hoffen, dass geringe Abweichungen vom Relativitätsprinzip erste experimentelle Hinweise auf eine solche »Weltformel« liefern.

Wir erfahren natürlich auch etwas über die Hintergründe, warum Physiker mit solchen Relativitätsverletzungen rechnen, ungeachtet der Tatsache, dass die Lorentz-Transformationen seit Veröffentlichung der Speziellen Relativitätstheorie als ein Grundprinzip der modernen Physik gelten.

Da atomare und subatomare Objekte innerhalb des Atoms beachtliche Geschwindigkeiten erreichten, sodass relativistische Effekte nicht mehr vernachlässigt werden konnten, wurde von Physikern sehr früh die Notwendigkeit erkannt, die Quantentheorie mit der Speziellen Relativitätstheorie zu verbinden. Aus dieser Verbindung sind sogenannte *Quantenfeldtheorien* hervorgegangen. Sie machten es möglich, fundamentale Teilchen und die zwischen ihnen wirkenden Kräfte mit sehr hoher Genauigkeit beschreiben zu können.

Die Quantenelektrodynamik war die erste Quantenfeldtheorie dieser Art. Sie wurde zum Modellfall für alle nachfolgenden Quantenfeldtheorien. Diese Entwicklung gipfelte schließlich in das *Standardmodell der Teilchenphysik*. Doch dieses Modell litt lange Zeit unter einem empfindlichen Makel: Es beschrieb nur alle nicht-gravitativen Kräfte, wie die elektromagnetische, die schwache und die starke Kraft. Die Schwerkraft ließ sich jedoch nicht auf physikalisch überzeugende Weise in dieses Standardmodell einfügen. Physiker waren daher auf der Suche nach einer umfassenderen Theorie, um auch die Schwerkraft in diese bereits bestehende Theorie einzubinden.

Obwohl sich diese Aufgabe bisher als unlösbar erwiesen hat, so wissen Physiker mittlerweile jedoch einiges darüber, welche besonderen Eigenschaften die gesuchte Theorie der »Quantengravitation« haben muss. So wissen sie, dass Quantenfelder und Gravitation in dieser Theorie auf einer grundlegenden Längenskala von 10^{-35} Metern unentwirrbar miteinander verflochten sind. Sie wird als sogenannte Planck-Länge bezeichnet, benannt nach dem deutschen Physiker *Max Planck* (1858–1947).

Wenn es also eine solche Theorie gibt, dann bewegt sie sich räumlich auf eben dieser Planck-Skala. Doch diese Skala liegt um so viele Größenordnungen von der uns zugänglichen Skala entfernt, dass wir niemals direkt beobachten können, was auf ihr geschieht. So können wir selbst mit den leistungsstärksten Teilchenbeschleunigern nur Strukturen auf einer Skala von 10^{-19} Metern ausloten. Es besteht also keinerlei Möglichkeit, *auf direkte Weise* an experimentelle Daten über diese Ebene heranzukommen. Physiker hoffen daher wenigstens indirekt -- über geeignete theoretische Ansätze – an solche Daten herankommen. Und an dieser Stelle kommen mögliche Verletzungen des Prinzips der Relativität ins Bild. Es gibt nämlich theoretische Ansätze, die als Folge der Vereinigung von Quantenfeldern und Gravitation auf der Planck-Skala Verletzungen dieses Prinzip voraussagen. Die beobachtbaren Effekte liegen jedoch im Bereich von 10^{-34} bis 10^{-17} Metern. Es ist also eine schier unglaubliche Messgenauigkeit vonnöten, um derlei Verletzungen experimentell nachweisen zu können. Bis heute konnte jedoch noch keine Verletzung des Relativitätsprinzips experimentell überzeugend nachgewiesen werden. Bislang haben sich alle Vorhersagen der Speziellen Relativitätstheorie mit extrem großer Präzision bestätigen lassen.

Trotz dieses Umstandes schließt der Artikel mit der Feststellung: „Falls eines Tages Relativitätsverletzungen bestätigt würden, käme dies einer wissenschaftlichen Revolution gleich – wir müssten unsere Vorstellung vom grundlegenden Aufbau des Universums erneut ändern.“[30]

Mit diesem Schlusswort eines theoretischen Physikers möchte ich meine Präsentation der Speziellen Relativitätstheorie beenden. Wir haben erfahren, dass diese Theorie und das von ihr begründete relativistische Muster außerordentlich erfolgreich war – und *ist.* Gleichwohl gibt es moderne Physiker, die glauben, dass dieses Muster – mit Blick auf die erreichbaren Geschwindigkeiten – ein nur *unvollständiges* Bild des Universums liefert. Angesichts nicht-lokaler Zusammenhänge sind sie von der Existenz eines überlichtschnellen Übertragungsschemas überzeugt, auch wenn sie einräumen, dass bisher noch niemand eine Möglichkeit gefunden hat, es *direkt* zu enthüllen.[31]

In Abschnitt IV dieses Buches möchte ich Ihnen ein Muster vorstellen, dass meines Erachtens genau diese Möglichkeit bietet. Doch zuvor möchte ich Ihnen schildern, wie ich dieses Muster entdeckt habe – und warum ich glaube, dass es physikalisch relevant ist.

III –
Von der Entdeckung eines Archetypus

Bollwerk: Spezielle Relativitätstheorie

Es gibt keine Theorie, die von Anbeginn an so oft und so intensiv Gegenstand von Kritik gewesen war, wie die Spezielle Relativitätstheorie. Doch sie hat in den letzten einhundert Jahren allen diesen Anfechtungen getrotzt. Jeder Versuch, über sie hinauszugehen, ist bislang gescheitert. Sie gilt daher zu Recht als eine der »Grundlagen« der modernen Physik.

Anfänglich sahen meine Bemühungen, über diese Theorie hinauszugehen, nicht sehr viel hoffnungsvoller aus. Es drohte eine Sisyphusarbeit zu werden. Ohne Vertrauen in die Gültigkeit der buddhistischen Lehre hätte ich mich wohl kaum auf diese Aufgabe eingelassen. So aber war ich zutiefst davon überzeugt, dass Einsteins Theorie bzw. der von ihr enthüllte relativistische Bauplan noch nicht der *finale* Plan des Universums sein konnte. Wenn Buddha recht hatte und es erleuchteten Wesen möglich war, augenblicklich bis in weit entfernte Regionen des Universums hineinzublicken, dann musste es unumgänglich Strukturen geben, die einen solchen überlichtschnellen ‚Blick' erlaubten. Der buddhistische Bauplan des Universums musste also – dies war eine für mich unabweisbare Erkenntnis – *umfassender* sein als der relativistische.

Das aber bedeutete nicht, dass ich die Spezielle Relativitätstheorie für falsch hielt. Ich war, wie zu Beginn bereits erwähnt, aufgrund ihres besonderen experimentellen Erfolges vielmehr der Auffassung, *dass sie schon einen wesentlichen Teil dieses gesuchten buddhistischen Bauplans zeigte.* Daher suchte ich auch nach keinem Fehler in ihr. Ich beschäftigte mich stattdessen mit der Frage, ob es eine Möglichkeit gab, sie so zu ergänzen, dass Überlichtgeschwindigkeiten möglich waren.

Um diese Frage zu beantworten, suchte ich *innerhalb dieser Theorie* nach entsprechenden Deutungsspielräumen. Doch selbst diese Suche, von der ich glaubte, sie stünde im Einklang mit Einsteins Theorie, führte anfänglich zu keinem Ergebnis. Tatsächlich erwies sich die Spezielle Relativitätstheorie als eine derart in sich geschlossene Theorie, dass sie nicht den allergeringsten Deutungsspielraum zu erkennen gab. Meine Hoffnung, diese Theorie im Sinne der buddhistischen Lehren zu komplettieren, schien daher ebenso zum Scheitern verurteilt wie all die anderen Versuche, die während der letzten einhundert Jahre unternommen worden waren.

Um diese hermetisch abgeriegelte Theorie aus den Angeln heben zu können, bedurfte es offenbar so etwas wie eines *archimedischen Punktes.* Rückblickend erwies sich die Suche nach diesem archimedischen Punkt als die vielleicht größte Hürde, um dem von mir gemutmaßten buddhistischen Bauplan des Universums auf die Spur zu kommen, denn ein solcher Punkt war weit und breit nicht zu sehen.

Als Einstein die Newtonsche Mechanik hatte aus den Angeln heben wollen, hatte er einen solchen Punkt gefunden – *es war die Lichtgeschwindigkeit.* Mit ihrer Hilfe konnte er, um ein Beispiel zu nennen, die Relativität der Zeit so bannen, dass die kausale Struktur der Welt gewahrt blieb. Gerade der Umstand, dass Einstein die Absolutheit der Zeit außer Kraft gesetzt hatte, zog zahllose kausale Paradoxien nach sich. Da es eine absolute, *für alle Beobachter* gleichermaßen geltende universelle Zeit nicht mehr geben – und stattdessen jeder Beobachter nunmehr seine eigene Zeit haben sollte, konnten zwei Beobachter in der zeitlichen Beurteilung von Ereignisfolgen nicht nur zu sehr unterschiedlichen Ergebnissen kommen, jeder von ihnen konnte – aufgrund des Relativitätsprinzips – auch mit demselben Recht behaupten, die Wirklichkeit auf eine korrekte Weise beschrieben zu haben. Nehmen wir einen klassischen Kriminalfall: Die Abgabe eines tödlichen Schusses. Während ein Beobachter behaupten konnte, das Opfer sei *nach* Abgabe des Schusses zu Boden gefallen, konnte ein zweiter Beobachter mit demselben Recht behaupten, das Opfer sei bereits zu Boden gefallen, noch *bevor* die Kugel den Pistolenlauf verlassen habe. Solche widersinnigen Wahrnehmungen, heraufbeschworen durch die Relativierung der Zeit, waren mit einem vernünftigen Bild von der Welt schwerlich vereinbar. Durch die Einführung der Lichtgeschwindigkeit *als ultimativer Grenzgeschwindigkeit* war es Einstein jedoch möglich, die Relativität der Zeit so weit zu beschränken, dass solche Paradoxien *a priori* ausgeschlossen waren.

Doch in meinem Fall war eine solche Grenzgeschwindigkeit nirgendwo in Sicht. Das Konzept der Überlichtgeschwindigkeit schien vielmehr geeignet, all jenen Paradoxien wieder Tür und Tor zu öffnen, die Einstein mit der Lichtgeschwindigkeit so mühevoll gebannt hatte. Und nicht nur das: Es beschwor darüber hinaus auch all jene Probleme wieder herauf, die die Physik zu Beginn des 20. Jahrhunderts in eine schwere Krise gestürzt hatte. Kurzum: Mein Wunsch, der Speziellen

Relativitätstheorie »einfach« ein paar Überlichtgeschwindigkeiten hinzuzufügen, kam dem Öffnen der Büchse der Pandora gleich.

Trotz dieser mehr als ernüchternden Bilanz blieb ich weiterhin davon überzeugt, dass es »irgendwo« einen Deutungsspielraum gab, um die von mir gewünschten Überlichtgeschwindigkeiten ins Spiel bringen zu können. Und ich sollte mit dieser Überzeugung Recht behalten. Bezeichnenderweise sollte ich diesen Spielraum dann auch gar nicht innerhalb der Speziellen Relativitätstheorie aufspüren, sondern *außerhalb von ihr.* Er zeigte sich *in dem Augenblick unmittelbar vor ihrer Geburt* – also zu einem Zeitpunkt, da sie noch weit davon entfernt war, jenes Bollwerk zu sein, an dem sich mehrere Generationen von Physikern und Philosophen vergeblich die Zähne ausbeißen sollten.

Hatte Gott eine Wahl?

Durch Einsteins Schilderungen sind wir über die erkenntnistheoretischen Überlegungen, die der Geburt der Speziellen Relativitätstheorie unmittelbar vorausgegangen sind, sehr gut unterrichtet. Es war offenbar Mitte Mai des Jahres 1905. Einstein hat sich später an das genaue Datum nicht mehr erinnern können. Nur daran, dass es ein wunderschöner Tag war. An diesem Tag hatte er wieder einmal seinen Freund und Kollegen vom Patentamt *Michele Besso* in dessen Wohnung aufgesucht, um mit ihm sein »altes« Gedankenexperiment und alles, was damit zusammenhing, zu diskutieren.[32] Doch plötzlich, während des Gespräches, verstand er, warum sich das ungewöhnliche Verhalten des Lichts – seine Konstanz – so hartnäckig jeglicher Lösung entzogen hatte: Wenn es sich, wie er vermutete und wie der Erfolg seiner Speziellen Relativitätstheorie später dann mehr als eindrücklich dokumentieren sollte, bei der »Konstanz der Lichtgeschwindigkeit« um eine *fundamentale* Größe der Natur handelte, was zu seiner Zeit ja noch gar nicht in der Deutlichkeit von den Physikern gesehen worden war, dann war es, wenn man an dem *Newtonschen Begriff der »absoluten Zeit«* festhielt, verschiedenen Beobachtern unmöglich, für das Licht ein- und dieselbe unveränderliche Geschwindigkeit messen zu können.[33]

Die Wahrnehmung dieses »Widerspruches« erwies sich in der Tat als die eigentliche Geburtsstunde der Speziellen Relativitätstheorie: Sie ebnete Albert Einstein entscheidend den Weg zur Entwicklung dieser Theorie. Wie er uns selbst berichtet hat, brauchte er ein Jahr voller Anstrengungen und Irrwege, um eben diesen Widerspruch als den eigentlichen Schlüssel zu seiner Theorie erkennen zu können.[34]

Doch nachdem er ihn in dieser Klarheit erkannt hatte, brauchte er nicht mehr als fünf Wochen, um seine Abhandlung über die Spezielle Relativitätstheorie zu schreiben, obwohl er zu jener Zeit noch ganztägig am Patentamt beschäftigt war. Und genau dieser Widerspruch, dessen Lösung zu seiner Theorie führen sollte, offenbarte einen unerwarteten Spielraum: Es zeigte sich nämlich, dass es, *von einem rein logischen Standpunkt aus,* eine Möglichkeit gab, Einsteins Theorie so zu erweitern, dass auch Überlichtgeschwindigkeiten denkbar waren.

Dass wir diesen Spielraum bislang nicht gesehen haben, ist, wie ich behaupten möchte, der von Einstein entwickelten Lösung, seiner Speziellen Relativitätstheorie, zuzuschreiben. Diese Lösung erschien physikalisch als so perfekt, dass die meisten der ihm nachfolgenden Physiker einfach zu der Überzeugung kommen mussten, sie sei mit Blick auf den Widerspruch zwischen der Konstanz der Lichtgeschwindigkeit und der Absolutheit der Zeit die Lösung *schlechthin.* Doch eine rein »logische« Analyse dieses speziellen Widerspruches zeigt, dass sie keineswegs die einzig mögliche Lösung darstellt. Mehr noch: Sie erweist sich sogar, sofern wir einen rein logischen Standpunkt einnehmen, als äußerst *unelegant.*

Um dies erkennen zu können, ist es allerdings notwendig, sehr genau zwischen diesem Widerspruch und der von Einstein formulierten Lösung, der Speziellen Relativitätstheorie, zu unterscheiden. In der modernen Physik sind aufgrund des enormen Erfolges dieser Theorie beides – Widerspruch und Lösung – faktisch in eins gesetzt. Erst wenn wir den Widerspruch, *unabhängig von dieser historisch tradierten Lösung,* ins Visier nehmen und ihm eine wissenschaftstheoretisch möglichst präzise Form geben, können wir erkennen, inwiefern Überlichtgeschwindigkeiten möglich sind und warum Einsteins Theorie als unelegant erscheint.

Wenden wir uns also noch einmal zurück zu jenen bewegenden Tagen, da die Spezielle Relativitätstheorie Gestalt anzunehmen begann. Aufgrund unserer bisherigen Erfahrungen und des bemerkenswerten Erfolges dieser Theorie kann keinerlei Zweifel daran bestehen, dass Einstein an jenem Maitag im Jahre 1905 wirklich auf einen »substanziellen« Widerspruch im physikalischen Weltbild seiner Zeit gestoßen ist. Dass die Lichtgeschwindigkeit *c* eine Konstante ist, ist in den letzten einhundert Jahren experimentell wieder und wieder bestätigt worden. Und wenn die Lichtgeschwindigkeit c tatsächlich eine solche Konstante ist, dann kann die Zeit, wie von Sir Isaac Newton behauptet, nicht absolut sein. *Sie muss zwingend »relativiert« werden.* Nur dann lässt sich der Widerspruch zwischen diesen beiden Elementen auflösen.

Wenn man diesem Widerspruch in seiner ursprünglichen, noch physikalisch »lösungsfreien« Form gegenübertritt, dann ist freilich noch nichts darüber ausgesagt, *wie* die Zeit relativiert werden muss. Der Widerspruch signalisiert lediglich, *dass* eine solche Relativierung vorgenommen werden muss. Es taucht daher die Frage auf: Wie weit muss man die Zeit relativieren, wenn man diesen Widerspruch lediglich so lösen will, dass der *Logik* Genüge getan ist – also wenn man einstweilen darauf verzichtet, schon eine konkrete physikalische Lösung haben zu wollen?

Die Antwort auf diese Frage war mehr als überraschend. Um sie so präzise wie möglich beantworten zu können, habe ich mich zunächst darum bemüht, sie auch so präzise wie möglich zu formulieren. Dies schloss den Begriff der absoluten Zeit notwendig ein. Dass wir dem Begriff der absoluten Zeit eine solche präzise Definition geben können, verdanken wir wesentlich Albert Einstein. Bevor er die Bühne der Physik betrat, galt dieser Begriff so selbstverständlich als wahr, dass er von keinem Physiker weiter hinterfragt worden ist, obwohl er erkennbar Schwachstellen hatte. So hatte Sir Isaac Newton den Begriff der absoluten Zeit in seiner berühmten *Principia* als »gleichförmig fließend« definiert, doch diese Definition war im Kern tautologisch, denn die Überprüfung eines gleichförmigen Flusses der Zeit setzte eine absolute Zeit bereits voraus.[35]

Trotz dieser Schwachstelle war der Begriff der absoluten Zeit vor der Zeit Einsteins nie kritisch untersucht worden. Die Newtonsche Mechanik war so immens erfolgreich, dass niemand einen Anlass gesehen hat, ihr tiefer zu misstrauen. Doch Einstein war, wie wir bereits gehört haben, diesem Begriff auf den Grund gegangen. Er hatte erkannt, dass man nur dann physikalisch sinnvoll von der Zeit sprechen konnte, wenn man sie auch mittels synchronisierter Uhren messen konnte. Aufgrund dieser Überlegung wissen wir heute, dass der Begriff der absoluten Zeit dann und nur dann physikalisch sinnvoll definiert wäre, wenn man über *unendlich schnelle Signale* verfügen würde, denn nur unter dieser speziellen Bedingung könnte man alle Uhren des Universums so synchronisieren, dass sie »weltweit« alle dieselbe Zeit anzeigen. Folgen wir dieser Überlegung, dann ergibt sich hieraus für den Begriff der absoluten Zeit folgende physikalisch präzise Definition:

$$\text{Absolute Zeit: } v = \infty$$

Als ich nun diese präzise Definition des Begriffes der absoluten Zeit zur Beantwortung meiner Frage voraussetzte, zeigte sich zu meiner großen Überraschung: Die Relativität der Zeit war bereits dann gegeben, wenn man lediglich diesen einen einzigen Geschwindigkeitswert $v = \infty$ als physikalisch unerreichbar ausschloss. Das hieß:

Bereits mit Ausschluss dieses einen Geschwindigkeitswertes $v = \infty$ war die Absolutheit der Zeit außer Kraft gesetzt und der Widerspruch zur Konstanz der Lichtgeschwindigkeit in logischer Hinsicht gelöst.

Angesichts dieser »punktgenauen« Relativierung der Zeit erschien Einsteins physikalische Lösung dieses Widerspruches plötzlich als äußerst *unelegant,* denn er hatte, um diesen Widerspruch zu beseitigen, *den gesamten Geschwindigkeitsbereich von c bis ∞ für physikalisch unerreichbar erklärt*, während er, logisch gesehen, zur Vermeidung dieses Widerspruches eigentlich nur einen einzigen Wert hätte ausschließen müssen – nämlich den Wert $v = \infty$.

Angesichts dieser eklatanten Uneleganz fragt man sich unwillkürlich: Was hat Albert Einstein eigentlich dazu veranlasst, diesem höchst uneleganten Weg zu folgen? Der entscheidende Grund war Einsteins Wunsch, die Lichtgeschwindigkeit nicht nur als Konstante, sondern eben auch als *absolute* Größe vertreten zu wollen. Dieser Schritt entband ihn (wie auch alle anderen Physiker) von der Notwendigkeit, erklären zu müssen, was es mit dem seltsamen Verhalten des Lichtes auf sich hatte. Nur indem er die Konstanz der Lichtgeschwindigkeit zu einer absoluten Größe erklärte, war es ihm möglich, dieses Rätsel als ein nicht weiter hinterfragbares Prinzip der Physik voraussetzen zu können.[36] Folgt man diesem Weg, dann lässt sich die Lichtgeschwindigkeit natürlich nur dann als eine absolute Größe rechtfertigen, wenn man annimmt, es gäbe keine höhere Geschwindigkeit als die des Lichts.

Es ist jedoch kein Zufall, dass gerade diese drastische Beschränkung des Geschwindigkeitsbereiches durch die Spezielle Relativitätstheorie auf den Wert der Lichtgeschwindigkeit bereits zu Beginn ihrer Erfolgsgeschichte heftig kritisiert worden ist; selbst von Physikern, die Einstein wohlwollend gegenüber standen. So erklärte der Physiker Hendrik Antoon Lorentz nur acht Jahre nach ihrer Veröffentlichung: „Schließlich ist anzumerken, dass die kühne Behauptung über die Unbeobachtbarkeit von Überlichtgeschwindigkeiten eine hypothetische Einschränkung des uns Zugänglichen beinhaltet, die nicht ohne Zurückhaltung anerkannt werden kann."[37]

Diese Kritik ist bis heute geblieben. Als Einstein seine Theorie formulierte, gab es allerdings noch gar keine schnelleren Signale als die des Lichts. Daher stellte sich ihm auch gar nicht die Frage, ob es zur Lösung dieses Widerspruches womöglich einen sanfteren und eleganteren »temporalen Relativierungsmodus« gab als den, den er gewählt hatte. 1905 waren *Lichtsignale* die schnellsten Signale, die es physikalisch gab. Es war also für ihn ein vollkommen folgerichtiger Schritt, Überlichtgeschwindigkeiten als physikalisch unerreichbar auszuschließen.

Ob Einstein mit seiner Lösung jedoch *heute* zufrieden gewesen wäre, vor allem wenn er um diese logisch elegantere Lösung *explizit* gewusst hätte, ist ein interessanter Gedanke, denn er selbst hatte sich, wie wir bereits gehört haben, immer wieder die Frage gestellt: *Hatte Gott bei der Schaffung des Universums eine Wahl oder nicht?*

Wenn man die beiden »Lösungen« einander gegenüberstellt, die speziell-relativistische auf der einen Seite, ihre rein logische auf der anderen Seite, dann erkennt man unschwer, dass Gott, wenn er Albert Einsteins Ratschluss gefolgt wäre, zweifelsohne noch eine Wahl gehabt hätte. Nur in einem Universum, dass *alle Möglichkeiten,* die durch die Logik noch erlaubt sind, ausschöpft, bleibt Gott keine Wahl mehr – und dieses logisch zwingende Universum fordert, wie es aussieht, nur die Unerreichbarkeit eines einzigen Geschwindigkeitswertes: des Wertes $v = \infty$.

Eben diese Erkenntnis sollte sich als jener archimedische Punkt erweisen, nach dem ich gesucht hatte: Sie bot tatsächlich die Möglichkeit, die Spezielle Relativitätstheorie aus den Angeln heben zu können – und keineswegs zufällig, handelte es sich doch bei ihr, ebenso wie bei der Lichtgeschwindigkeit, um eine *Grenzgeschwindigkeit.* Wie auch immer der buddhistische Plan des Universums aussehen mochte, dieser Geschwindigkeitswert $v = \infty$ musste notwendig als *physikalisch unerreichbar* ausgeschlossen sein, denn nur so war der Widerspruch zwischen der Absolutheit der Zeit und der Konstanz der Lichtgeschwindigkeit logisch auflösbar. Doch, abgesehen von diesem einen einzigen Wert, waren alle anderen Geschwindigkeiten – bis hin zu dem Geschwindigkeitswert von *fast Unendlich* physikalisch zulässig. Ich hatte, wie es schien, meinen Deutungsspielraum gefunden.

Auch wenn die Wahrnehmung dieser neuen und umfassenderen Grenzgeschwindigkeit lediglich der erste Schritt auf meiner Suche nach dem buddhistischen Bauplan des Universums war, so ergab sich der zweite Schritt fast von selbst. Es stellte sich nämlich die Frage: In welcher Beziehung stand diese neue Grenzgeschwindigkeit eigentlich zu der alten Grenzgeschwindigkeit des Lichts? Lieferte sie wirklich einen physikalisch umfassenderen Rahmen als diese?

Von zwei »zusammenfallenden« Grenzen

Obwohl sich die relativistische Grenzgeschwindigkeit $v = c$ und die mit dem Wert $v = \infty$ bezeichnete Grenzgeschwindigkeit *formal* sehr deutlich voneinander unterschieden, so konnte dieser Unterschied – angesichts des außerordentlichen experimentellen Erfolges der Speziellen Relativitätstheorie – in physikalischer Hinsicht nur *sehr subtil* sein. Andernfalls hätte sich auch die Existenz des damit untrennbar verknüpften überlichtschnellen Geschwindigkeitsfeldes experimentell auf eine sehr viel deutlichere Weise bemerkbar gemacht haben müssen, was erkennbar nicht der Fall war.

Die *einzige* Weise, um die beiden Grenzgeschwindigkeiten so aufeinander zu beziehen, dass diesem Umstand Rechnung getragen wurde, bestand, wie ich fand, darin, anzunehmen, dass die *relativistische Grenzgeschwindigkeit c mit der Grenzgeschwindigkeit ∞ »zusammenfiel«.*

Nur diese Annahme machte einigermaßen verständlich, warum die Lichtgeschwindigkeit eine so zentrale Rolle in der modernen Physik spielte. Sie führte zu dem nachfolgenden Diagramm, das ich als »Einstein-Quadrat« bezeichne.

Dieses Einstein-Quadrat hat seinen Ursprung natürlich in der Speziellen Relativitätstheorie *selbst.* Es ist eigentlich nicht mehr als ein stilisierter »Teilausschnitt« des relativistischen Musters. In welcher Beziehung es zu diesem steht, wird später noch deutlich werden.

Eben dieses spezielle Diagramm – das Einstein-Quadrat – spielte, wie die nachfolgenden Kapitel zeigen werden, bei der Enthüllung des Mandala-Musters die entscheidende Rolle. Indem es mit seiner ungewöhnlichen formalen Gestalt (zwei offenkundig verschiedene Grenzgeschwindigkeiten) einen ganz spezifischen »Rahmen« vorgab, ließ es am Ende auch nur ein ganz spezifisches »Bild« zu.[38]

Einsteins 70. Geburtstag oder: Das Geschenk Gödels

Setzte man den oben definierten Rahmen mit der Grenzgeschwindigkeit Unendlich als physikalisch gegeben voraus, dann konnte sich das überlichtschnelle Geschwindigkeitsfeld natürlich nur *innerhalb* des Einstein-Quadrates befinden. Doch wo genau lag dieses Feld? Wie war es in diesen Rahmen »eingepasst«?

Da die relativistische Funktion, wie wir auf Seite 35 gesehen haben, das Innere dieses Diagramms offenbar in sehr guter Näherung abbildete, bot es sich an, sie auch zur Suche nach diesem ‚Feld' zu nutzen.

Obwohl die Lichtgeschwindigkeit innerhalb der Speziellen Relativitätstheorie eine Geschwindigkeit darstellt, die von einem (materiellen) Objekt weder erreicht noch überschritten werden kann, so sind jedoch – infolge des relativistischen Effektes der Zeitdehnung – überlichtschnelle »Geschwindigkeitsäquivalente« sehr wohl möglich. Hören wir dazu den britischen Wissenschaftsjournalisten Nigel Calder. In seinem Buch *Einsteins Universum* schrieb er:

„Es gibt eine magische Geschwindigkeit (von der Erde aus berechnet), bei der die Verlangsamung der Uhr für den Astronauten ausreicht, um die Lichtgeschwindigkeit in einem recht praktischen Sinn zu überschreiten. Diese Geschwindigkeit liegt bei 71 % der Lichtgeschwindigkeit. Bei höheren Geschwindigkeiten kann er [sogar] wesentlich schneller reisen als das Licht, entsprechend der irdischen Karte: Wenn er zum Beispiel mit 99 % der Lichtgeschwindigkeit reist – immer von der Erde aus beurteilt –, dann wird er feststellen, dass er mit einer Geschwindigkeit von 7 Lichtjahren pro Jahr von Stern zu Stern rast. Aber das ist nur ein Effekt der langsam laufenden Uhr: Nach jeder irdischen Beobachtung reist er weiterhin mit weniger als einem Lichtjahr pro Jahr."[39]

Diese Überlegung Calders aufgreifend, ging ich der Frage nach: Bei welchem Geschwindigkeitswert würde ein Objekt eigentlich *exakt* die Lichtgeschwindigkeit erreichen und so, ohne es zu bemerken, in das verborgene überlichtschnelle Feld eintreten?

Die von Nigel Calder angegebenen 71 Prozent waren, wie das Wörtchen „bei" verriet, nur ein ungefährer Wert. Es zeigte sich, dass der *exakte* Wert bei dem Geschwindigkeitspunkt $v = 1/\sqrt{2}\, c$ oder: ***0,707… c*** lag. Tatsächlich führt diese kritische Geschwindigkeit, wenn man sie mit dem entsprechenden relativistischen Korrekturfaktor γ für die Zeit von 1,414… multiplizierte, genau *zu dem Wert der Lichtgeschwindigkeit.*

Um dieses theoretisch ermittelte »lichtschnelle« Geschwindigkeitsäquivalent innerhalb des Diagramms von dem Wert der Lichtgeschwindigkeit *c* zu unterscheiden, habe ich es als c' bezeichnet. In dem nachfolgenden Diagramm ist dieses Ergebnis grafisch festgehalten.

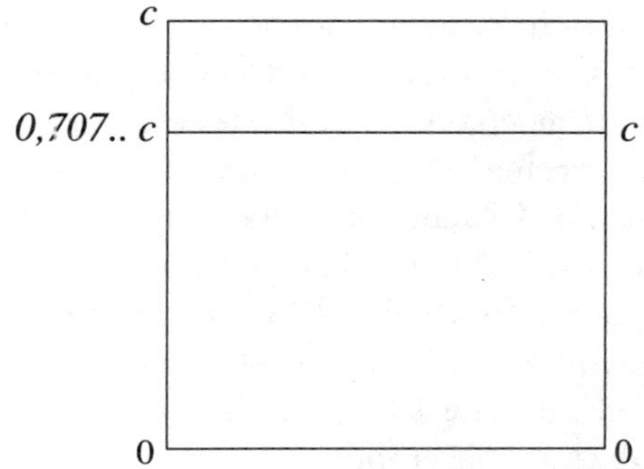

Die Ermittlung dieses kritischen Geschwindigkeitswertes von 0,707 .. c oder exakt: $1/\sqrt{2}$ erwies sich als *der* Meilenstein auf der Suche nach dem buddhistischen Bauplan des Universums. Er lieferte, wie sich später zeigen sollte, eine wesentliche geometrische Grundlinie dieses Plans. Einstein hätte vielleicht von einer ‚Linie des Alten' gesprochen.

Die Tatsache, dass dieser Wert bereits vor mehr als fünfzig Jahren von dem berühmtesten Mathematiker des 20. Jahrhunderts aufgespürt worden war, spielte bei dieser Einschätzung eine nicht unerhebliche Rolle. Der Name dieses Mathematikers: *Kurt Gödel.*

Für Kurt Gödel waren Zahlen in gewisser Hinsicht realer als die vermeintlich realen Dinge. Im Jahre 1931 hatte er eine Arbeit veröffentlicht, die ihn unter Mathematikern zur Legende werden ließ. Sie trägt den Titel: »Über formal unentscheidbare Sätze der *Principia Mathematica* und verwandter Systeme«.

In dieser Arbeit hatte Gödel zeigen können, dass die Mathematik nicht jene vollkommene und vollständige Disziplin ist, für die man sie bis dahin gehalten hatte. Tatsächlich gab es in der Mathematik wahre Aussagen, deren Wahrheit selbst unbeweisbar war. Diese Erkenntnis ging als das »Gödelsche Unvollständigkeitstheorem« in die Geschichte der Mathematik ein.

Gödel hat sich in seinem Leben nahezu ausschließlich mit mathematischen Objekten beschäftigt. Nur *ein einziges Mal* hat er sich auch dem physikalischen Universum zugewandt. Dieses für ihn höchst ungewöhnliche Interesse ist das unmittelbare Ergebnis seiner Freundschaft zu Albert Einstein. Als Gödel 1940 an das berühmte *Institute for Advanced Study* in Princeton/USA kam, sollte er mit diesem, der sich bereits seit sieben Jahren an diesem Institut befand, eine innige, freundschaftliche Beziehung entwickeln. Allein diesem Umstand ist es zuzuschreiben, dass sich Gödel auch mit dem physikalischen Universum auseinandergesetzt hat – und was er hierbei herausfand, war einigermaßen beunruhigend. Umso interessanter ist es, zu erfahren, wie die akademische Welt auf seine Erkenntnisse reagierte.

Der amerikanische Philosoph *Palle Yourgrau* hat ein ebenso inspirierendes wie informatives Buch über diese Freundschaft zwischen Gödel und Einstein geschrieben. Sie begann offenbar 1942 und endete erst mit Einsteins Tod im Jahre 1955; ein Verlust, von dem sich Gödel, wie Yourgrau berichtet, nie erholte.

Gödel hat über seine Freundschaft zu Einstein nie öffentlich gesprochen. Lediglich einigen Briefen an seine Mutter vertraute er Einzelheiten an. So soll er sich allmorgendlich zwischen zehn und elf Uhr morgens mit Einstein getroffen haben. Sie seien dann zu Fuß ins Institut gegangen – ein Weg von etwa einer halben Stunde. Um ein oder zwei Uhr mittags machten sie sich auf den Heimweg, wobei sie über Politik, Philosophie und Physik diskutierten. Einstein hat diesen alltäglichen Rhythmus einmal mit der Bemerkung kommentiert, er gehe nur ins Büro um des Privilegs willen, mit Kurt Gödel den Heimweg anzutreten. Dies gibt einen Eindruck von der besonderen emotionalen Beziehung, den diese beiden Geistesheroen zueinander unterhielten.

Ein Höhepunkt dieser ungewöhnlichen Freundschaft war zweifellos das von Kurt Gödel verfasste Essay «Eine Bemerkung über die Beziehungen zwischen der Relativitätstheorie und der idealistischen Philosophie“. Dieses nur sechsseitige Papier war ein Geschenk für Albert Einstein anlässlich dessen 70. Geburtstags. Es war ein Beitrag zu dem von Paul Arthur Schilpp geplanten Sammelband mit dem Titel *Albert Einstein: Philosoph und Naturforscher.*

Um diesen Essay zu schreiben, hatte Gödel sogar eine geplante Sommerreise an die Küste gestrichen. Einstein wertete diesen Essay später als einen wesentlichen Beitrag zur Allgemeinen Relativitätstheorie.

Gödel setzte sich in diesem Essay mit dem Begriff der Zeit auseinander. Er stützte sich hierbei auf ein recht ungewöhnliches kosmologisches Modell. Dieses Modell handelte von einem Universum, das mit konstanter Winkelgeschwindigkeit um ein festes Koordinatensystem rotierte. Diese Rotation führte, wie Gödel herausfand, zu Raumzeitbahnen, die in sich selbst zurückliefen und dorthin zurückkehrten, wo sie schon einmal gewesen waren. Es beinhaltete mithin die Möglichkeit zu *Zeitreisen.* Allerdings musste ein Raumschiff, wenn es eine solche Zeitreise unternehmen wollte, eine ganz spezielle Mindestgeschwindigkeit haben: *Es musste nämlich mindestens eine Geschwindigkeit von $1/\sqrt{2}$ c haben!*

Obwohl dieses Modell völlig in Einklang mit Einsteins Allgemeiner Relativitätstheorie stand, geschah, wie Yourgrau berichtet, etwas wahrhaft Erstaunliches: nämlich nichts.

„Obschon sich im unmittelbaren Nachhall der Gödelschen Entdeckungen ein paar Physiker daran machten, ihn zu widerlegen, und, als dies fehlschlug, seine Ergebnisse zu verallgemeinern und zu durchleuchten versuchten, erlosch dieses kurze Strohfeuer des Interesses rasch. Binnen weniger Jahre waren die tiefen Spuren in der Denkgeschichte, die Gödel und Einstein auf ihren Nachhausewegen hinterlassen hatten, verschwunden, von den rauen Winden der Mode und philosophischer Voreingenommenheit verweht worden. Eine Verschwörung des Schweigens umgab die Freundschaft zwischen Gödel und Einstein und ihre wissenschaftlichen Konsequenzen.

Eine Beziehung, nicht minder bemerkenswert, als eine Freundschaft zwischen Michelangelo und Leonardo da Vinci es gewesen wäre, war schlicht aus den Augen verloren worden. Bis zum heutigen Tag herrscht nicht nur bei dem sprichwörtlichen Mann auf der Straße Unkenntnis über die enge Verbindung zwischen den beiden Giganten des 20. Jahrhunderts, auch die ausführlichsten Biographien gehen über diese Freundschaft entweder ganz hinweg oder widmen ihr bestenfalls ein oder zwei Sätze.“[40]

Die akademische Welt mochte über Gödels Arbeit hinweggegangen sein, für mich war der Umstand, dass einer der schöpferischsten und wagemutigsten Mathematiker des 20. Jahrhunderts im Rahmen seiner Auseinandersetzung mit der Relativitätstheorie auf denselben Wert von 0.707… c gestoßen war, ein klares Signal, dass ich mich in meiner Suche nach dem buddhistischen Bauplan des Universums auf der richtigen Spur befand.

Um dieses erkenntnistheoretische Signal festzuhalten, habe ich diesen speziellen Geschwindigkeitspunkt – in Anlehnung an die von Kurt Gödel veröffentlichte Arbeit – als ***»Gödel-Punkt«*** bezeichnet.[41] Alles Weitere ergab sich, wie die späteren Entwicklungen und Enthüllungen zeigen sollten, unmittelbar aus der Ermittlung dieses einen speziellen Geschwindigkeitspunktes.

Hochgeschwindigkeitsbereich: »Gödel-Zone«

Die erste wesentliche Erkenntnis, die die Bestimmung des Gödel-Punktes erlaubte, war die »Lagebestimmung« des von mir gesuchten überlichtschnellen Geschwindigkeitsfeldes: Offenbar verbarg sich dieses Feld oder »Struktursegment« in dem Hochgeschwindigkeitsbereich von 0,707.. *c* bis 1,000.. *c*; einen Bereich, den ich als »Gödel-Zone« bezeichne.

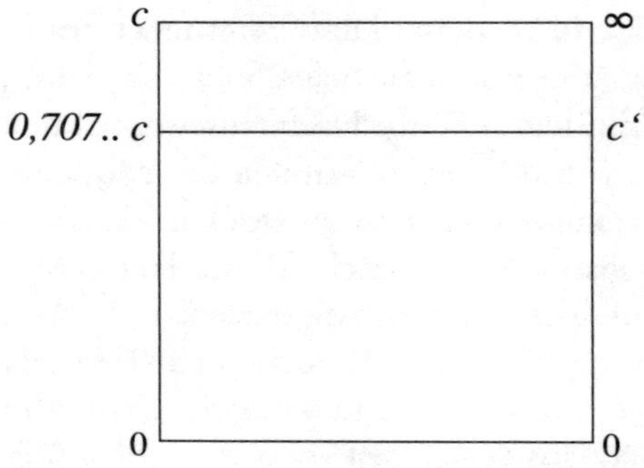

Diese Erkenntnis ergab sich *auf natürliche Weise,* denn mit Annäherung an die Lichtgeschwindigkeit (auf der linken Seite des Diagramms) näherte sich das überlichtschnelle Geschwindigkeitsäquivalent (auf der rechten Seite des Diagramms) immer mehr dem Wert Unendlich, um schließlich mit Erreichen des Wertes von c zu Unendlich zu werden: Multiplizierte man nämlich die Geschwindigkeiten der linken Seite, *jenseits des Gödel-Punktes,* mit den entsprechenden relativistischen Korrekturfaktoren für die Zeit, dann gipfelten diese Produkte auf der rechten Seite unvermeidlich in jenem Geschwindigkeitsäquivalent mit dem Wert $v = \infty$.

Der Gödel-Punkt zeigte folglich, einer unbekannten, geheimnisvollen Logik gehorchend, wie das überlichtschnelle Geschwindigkeitsfeld in den relativistischen Rahmen »eingepasst« sein musste. Der Umstand, dass die Grenzgeschwindigkeit $v = \infty$, wie von mir gemutmaßt, mit der Grenzgeschwindigkeit c *natürlicherweise* zusammenfiel, vermittelte mir daher das Gefühl, eine vernünftige Annahme formuliert zu haben.[42]

Gleichwohl stellte der »Zusammenfall« der beiden Grenzgeschwindigkeiten von c und ∞ in *ein- und demselben* Diagramm nach wie vor einen Widerspruch dar. Wenn man also beide Seiten des Diagramms *physikalisch* miteinander in Einklang bringen wollte, dann musste es innerhalb dieses Diagramms eine Struktur geben, die zwischen diesen beiden Grenzwerten irgendwie »vermittelte«.

Der Lichtkegel stellte, wie ich erkannte, keine solche vermittelnde Struktur dar. Er teilte das Einstein-Quadrat in zwei strikt voneinander getrennte Zonen: eine physikalisch erreichbare und eine nicht erreichbare. Im Rahmen der Speziellen Relativitätstheorie verkörperte das neue und erweiterte Diagramm also nicht nur formal, sondern auch *physikalisch* einen Widerspruch.

Dieses Ergebnis kam natürlich nicht *unerwartet,* denn im Rahmen der Einsteinschen Theorie waren sämtliche Überlichtgeschwindigkeiten bis hin zu dem Wert Unendlich ausdrücklich als physikalisch unerreichbar ausgeschlossen. Es lag also auf der Hand, dass das Einstein-Diagramm diesen Ausschluss auch geometrisch reflektierte.

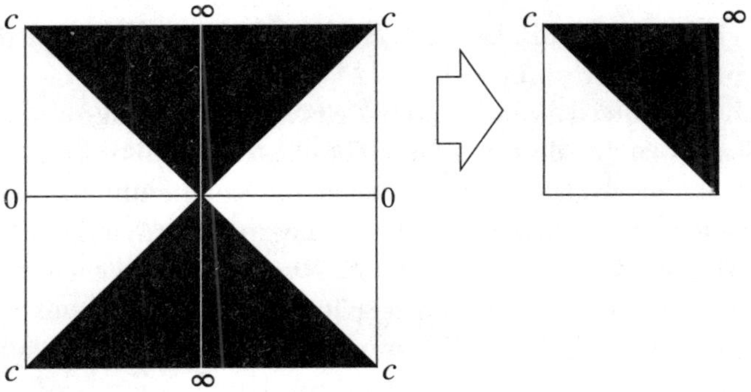

Aus dieser Grafik kann man überdies sehr schön erkennen, wie das Einstein-Quadrat und der relativistische Bauplan zusammenhängen. Doch sie zeigt noch mehr: Sie zeigt *auf sehr anschauliche Weise,* dass das relativistische Muster respektive der Lichtkegel definitiv als Lösung ausscheidet, um den formalen Widerspruch zwischen beiden Grenzgeschwindigkeiten physikalisch aufzulösen. Das Innere des Diagramms musste folglich auf eine grundlegend andere Weise strukturiert sein. Doch wie sah dieses Muster aus?

Im Inneren der »Gödel-Zone«

Am Beginn meiner Suche nach diesem Muster stand die Überzeugung, dass sich im Inneren der Gödel-Zone – also im Geschwindigkeitsbereich von 70,7 % bis 100 % der Lichtgeschwindigkeit – eine Art diskretes »Raum-Zeit-Spektrum« befand.

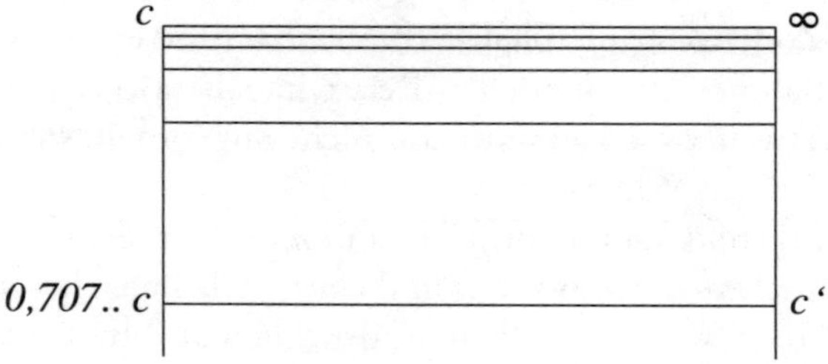

Da die Schwelle zur Gödel-Zone – das Zahlenduo von 0.707... *c* und *c'* – durch eine spezielle »Raum-Zeit-Schale« charakterisiert schien, vermutete ich, dass es im Inneren dieser Zone weitere solcher Schalen gab; Schalen, die dem überlichtschnellen Geschwindigkeitsfeld eine ganz spezifische Struktur verliehen.[43]

Da ich glaubte, dass diese Raum-Zeit-Schalen das makrokosmische Gegenstück zu den diskreten Energienschalen im Mikrokosmos darstellten, nahm ich an, dass diese Schalen mit Annäherung an die Lichtmauer auch immer dichter beieinander liegen würden, um schließlich mit Erreichen dieser Grenze in ein *Kontinuum* überzugehen.[44]

Diese Hypothese sollte jedoch später wie ein Kartenhaus in sich zusammenfallen, als die *finale* Lösung sichtbar wurde. Die Schönheit dieser finalen Lösung war in der Tat nur dann sichergestellt, wenn man diese hypothetisch angenommenen Raum-Zeit-Schalen – mit Ausnahme der ersten, am Gödelpunkt befindlichen – aus dem gefundenen Muster »herausstrich« und sie als *rein geometrische Hilfslinien* betrachtete. Dennoch erwies sich die Annahme eines solchen diskreten Raum-Zeit-Spektrums als *das entscheidende heuristische Mittel,* um dieser finalen Lösung auf die Spur zu kommen.

Im nachfolgenden Kapitel möchte ich die einzelnen Schritte zeigen, die diesem heuristischen Verfahren zugrunde lagen. Jeder dieser Schritte verlangt nicht mehr als elementarste Kenntnisse in der Mathematik.

Von der Entdeckung eines Archetypus

Der erste Schritt in diesem heuristischen Verfahren war die Berechnung der weiteren überlichtschnellen Geschwindigkeitsäquivalente – *jenseits des Gödelpunktes;* eine Berechnung, die ich bereits in dem Kapitel *Die Gödelzone* erwähnt habe, die ich aber nicht konkret durchgeführt habe. In der nachfolgenden Tabelle habe ich eine solche Berechnung für ein paar ausgewählte Geschwindigkeiten durchgeführt.[45]

RZ	v (in % von c)	γ	v in c
1	70,7	1,4	1,0
2	90,5	2,3	2,0
3	96,8	4,0	3,9
4	99,65	12,0	~12,0
..	..	..	..
n	100,0	∞	∞

Multipliziert man die Unterlichtgeschwindigkeit (in der zweiten Spalte) mit dem entsprechenden relativistischen Korrekturfaktor (in der dritten Spalte), dann ergibt sich, wie Spalte vier zeigt, ein spezifisches überlichtschnelles Geschwindigkeitsäquivalent. Ordnet man nun diese errechneten Werte dem zuvor gezeigten Diagramm zu, dann ergibt sich folgendes Bild.

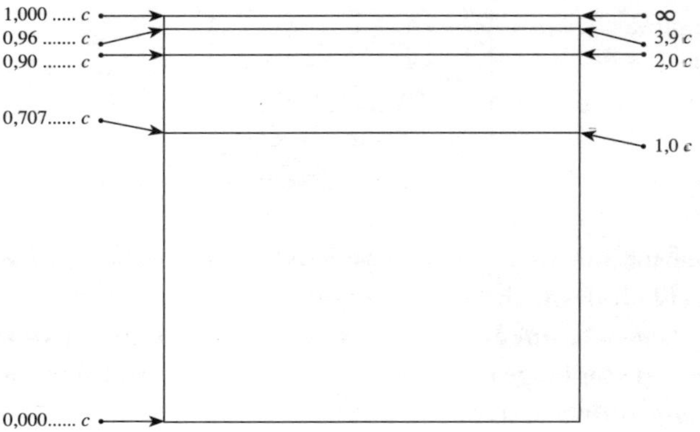

Bei diesem Bild sollte es eine Weile bleiben. Ich hatte keine Ahnung, was es bedeutete – und ob es überhaupt etwas bedeutete. Es gab jedoch ein paar auffällige formale Zusammenhänge, wie z. B. die Beziehung von $1/\sqrt{2}\,c$ zu c, die mitteilenswert waren. Und so veröffentlichte ich 1991 im Heyne-Verlag in München einen kleinen Essay mit dem Titel: *Das Tor zu den Sternen.*[46]

Irgendwann tat ich dann etwas, was der Physiker Steven Weinberg als das ‚Spielen mit Gleichungen' bezeichnet hat.[47] Ich spielte mit diesem geometrischen Gebilde herum, ohne mir Gedanken darüber zu machen, ob das, was ich tat, auch physikalisch gerechtfertigt war oder nicht. So untersuchte ich, welche Öffnungswinkel die zu diesem Raum-Zeit-Spektrum dazugehörigen »Kegelschnitte« aufwiesen.

Da der ersten Linie dieses »Spektrums« der Wert der Lichtgeschwindigkeit zugeordnet war, ergab sich naturgemäß jener 45° Kegel, wie er für Einsteins Theorie charakteristisch ist. Da dieser Kegel, wie ich wusste, jedoch keine physikalisch zulässige Lösung darstellte, um beide Seiten des Einstein-Quadrates in Einklang miteinander zu bringen, war es natürlich interessant, zu untersuchen, wie die anderen überlichtschnellen Kegel aussahen. Vielleicht boten sie ja diese Möglichkeit.

Um die jeweiligen Öffnungswinkel zu bestimmen, musste ich lediglich den Wert des entsprechenden überlichtschnellen Geschwindigkeitsäquivalentes in eine Tangens-Funktion eingeben. Hieraus ergaben sich – rein rechnerisch – folgende Winkelwerte:

c	$\tan\alpha$
1,0	45°
2,0	63°
3,9	75°
12,0	85°
..	..
∞	90°

Der nächste Schritt ergab sich von selbst, denn alle diese Kegel – einschließlich des Lichtkegels – schnitten die ihnen entsprechenden »Raum-Zeit-Schalen« an einem ganz spezifischen Punkt. Es war daher naheliegend, der Frage nachzugehen, wo die Schnittpunkte lagen und wie sie angeordnet waren.

Als ich nun die ermittelten Rechenergebnisse graphisch umsetzte, wurde, für mich völlig unerwartet, ein »Kreisbogensegment« sichtbar. Als sich dieses Kreisbogensegment buchstäblich unter meinen Händen abzuzeichnen begann, dachte ich spontan: *Das ist ja ein Mandala!*

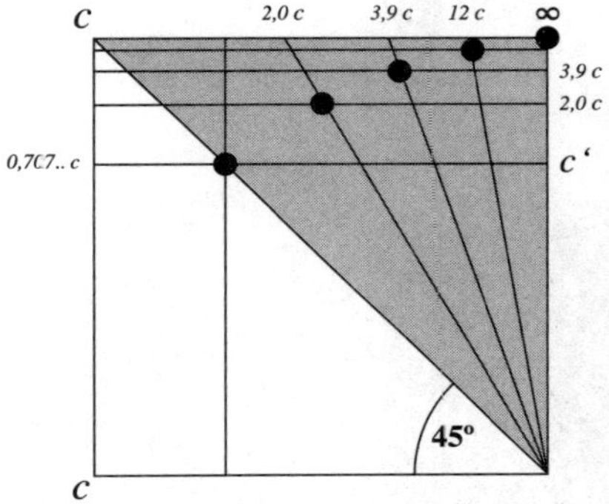

Und in der Tat: Betrachtete man dieses Kreisbogensegment so, wie man ein Stück ein Stück Glas durch ein Kaleidoskop betrachtete, dann wurde plötzlich ein Muster sichtbar, das unverkennbar an ein *Mandala* erinnerte. Die nachfolgenden sechs Grafiken zeigen, wie dieses Kreisbogensegment erscheint, wenn man es, wie bei einem Kaleidoskop, mehrfach ‚gespiegelt' sieht.

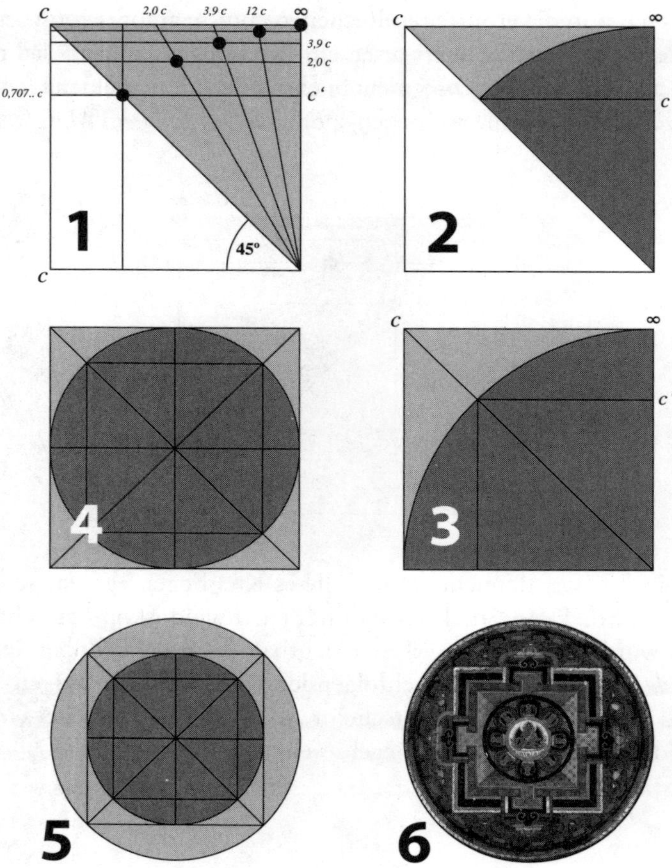

Bild 1 zeigt noch einmal den oben angegebenen sich schemenhaft abzeichnenden Kreisbogen wie auch die erste »Raum-Zeit-Schale«. Bild 2 macht deutlich, warum die von mir anfänglich gemutmaßten anderen »Raum-Zeit-Schalen« um der Schönheit des finalen Musters willen herausgestrichen werden *müssen.* Nur wenn man das Kreisbogensegment in dieser geometrisch vereinfachten Form stehen lässt, ist es möglich, über Bild 3 und Bild 4 zu der finalen Struktur des Mandalas zu gelangen, wie sie in Bild 5 eingefangen ist. Bild 6 schließlich zeigt ein traditionelles buddhistisches Mandala.

Dass diesem archetypischen Bild, wie es oft auf buddhistischen Thangkas zu sehen ist, tatsächlich eine geometrische Struktur zugrunde liegt, wie sie in Bild 5 dargestellt ist, zeigt sich, wenn man aus diesem Bild die ihr zugrundeliegende geometrische Gestalt »extrahiert«. Es wird dann genau jenes Muster sichtbar, wie es in Bild 5 eingefangen ist.

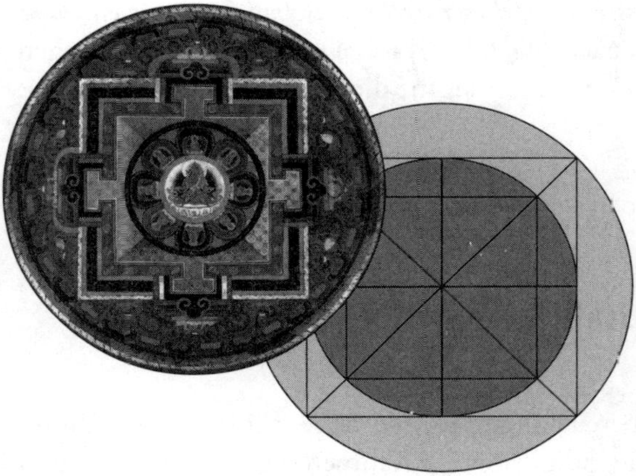

Trotz des Umstandes, dass diese archetypische Struktur ihrer Enthüllung letztlich einem primitiven mathematischen Verfahren verdankte, gab mir die Tatsache, dass meine Komplettierung des Einstein-Quadrates geradewegs in ein solches buddhistisches Muster eingemündet war, das Vertrauen, es *mit einem physikalisch bedeutsamen Ergebnis* zu tun zu haben. Es konnte einfach kein Zufall sein, dass ich auf der Suche nach dem buddhistischen Bauplan des Universums auf ein Muster gestoßen war, das bereits von der buddhistischen Philosophie ausdrücklich als ein solcher Plan ausgewiesen war. Dieses musste einfach die gesuchte konspirative Struktur sein, die zeigte, wie ein auf dem Geist beruhendes Universum auszusehen hatte.

Doch es war nicht nur diese *innere spirituelle Stimmigkeit,* die mich von der Richtigkeit meiner Entdeckung überzeugt sein ließ, auch die Tatsache, dass die diversen Linien des Einstein-Quadrates zu einem auffallend schönen und symmetrischen Muster geführt hatten, war von zentraler Bedeutung, galten doch gerade Symmetrie und Schönheit in der modernen Physik als entscheidende „Gütekriterien“ für eine physikalisch überzeugende Lösung.

Gerade dieser Umstand vermittelte mir den Eindruck, an der Speziellen Relativitätstheorie nicht nur einfach „herumgepfuscht" und sie auf eine willkürliche Weise erweitert zu haben.[48] ***Wenn es eine elegantere Lösung jenes Widerspruches gab, den Albert Einstein im Mai 1905 als den Schlüssel zu seiner Speziellen Relativitätstheorie erkannt hatte, dann musste sie in dieser archetypischen Struktur enthalten sein!***

In dem nachfolgenden Kapitel möchte ich Ihnen zeigen, was mich von der besonderen Eleganz dieses Musters überzeugt hat.

Der Kausalitätsriegel

Wie ich bereits angesprochen habe, führt die Annahme von Überlichtgeschwindigkeiten im Rahmen der Speziellen Relativitätstheorie zu schweren kausalen Paradoxien. Manche dieser Paradoxien sind ‚unerträglich', weil sie zu *Zeitreisen* führen. Und Zeitreisen sind mit einem *logisch in sich widerspruchsfreien* Bild vom Universum schwerlich vereinbar.

Ein Beispiel, um dies zu illustrieren, wäre eine Tachyonen-Selbstzerstörungsmaschine – also eine Maschine, die mit überlichtschnellen Signalen arbeitet. Sie könnte etwa so programmiert sein, dass sie sich automatisch um 2 Uhr in die Luft sprengt, wenn sie um 1 Uhr den Befehl dazu erhält, den sie selbst um 3 Uhr ausgesendet hat. Denn der Speziellen Relativitätstheorie zufolge gilt: Weil das um 3 Uhr losgeschickte Tachyonen-Signal in der Zeit zurückläuft, könnte es tatsächlich um 1 Uhr bei der Maschine eintreffen. Angenommen, sie sendet um 3 Uhr das Signal ab, dann erreicht es sie um 1 Uhr, und sie selbst explodiert um 2 Uhr. Dann aber hätte sie um 3 Uhr keinen Selbstzerstörungsbefehl geben können. Wir haben es also, soweit wir auf den theoretischen Kontext der Speziellen Relativitätstheorie beschränkt bleiben, mit einem logischen Widerspruch zu tun. Auch umgekehrt entsteht ein logischer Widerspruch: Erhielte die Maschine um 1 Uhr ein Zerstörungssignal und würde sich dann in die Luft sprengen, dann könnte sie um 3 Uhr kein Signal aussenden, das sie um 1 Uhr erreichte. Zusammengefasst gilt also: Die Maschine explodiert dann und nur dann, wenn sie nicht explodiert.[49]

Die meisten Physiker begreifen derlei *logische Paradoxien* als den schwerwiegendsten Einwand, der gegen die Existenz von überlichtschnellen Signalen spricht. Da die Struktur des Mandalas jedoch die Existenz solcher Geschwindigkeiten unterstellt, drängt sich zwangsläufig der Verdacht auf, dass sie womöglich kein logisch widerspruchsfreies Bild vom Universum zulässt. Eben diesem Verdacht möchte ich in diesem Kapitel nachgehen. Wir werden sehen, dass diese archetypische Struktur eine so erstaunliche Eleganz aufweist, dass sie gerade solche *logischen* Widersprüche ausschließt.

Dem Physiker *Bryce DeWitt* zufolge gibt es eigentlich nur *zwei* Möglichkeiten, um solche logischen Paradoxien zu vermeiden:

1) Es gibt keine überlichtschnellen Signale. Daher sind auch kausale Paradoxien von vornherein ausgeschlossen.

oder:

2) Es gibt überlichtschnelle Signale, aber ein *bislang unbekannter Mechanismus* stellt sicher, dass das Senden von Nachrichten in die Vergangenheit prinzipiell ausgeschlossen ist, wodurch dann logische und damit unerträgliche Widersprüche im Bild des Universums vermieden werden können.

Da die Physiker jedoch bislang noch nicht die geringste Vorstellung davon haben, wie ein solcher »Kausalitäts-Riegel« aussehen könnte, haben sich die meisten von ihnen, so DeWitt, auch für die erstere dieser beiden Lösungsmöglichkeiten entschieden. Sie lehnen, um logische Widersprüche im Weltbild der Physik schon im Vorfeld zu vermeiden, Überlichtgeschwindigkeiten kategorisch ab.[50]

Was bedeutet dies für eine »Physik des Mandala«? Es bedeutet, dass die Existenz überlichtschneller Signale im Rahmen einer solchen Physik nur dann überzeugend zu rechtfertigen ist, wenn man, wie von Möglichkeit Nummer Zwei gefordert, zeigen kann, dass das Senden von Nachrichten in die Vergangenheit *prinzipiell* ausgeschlossen ist, da es nur durch den *expliziten* Ausschluss solcher Prozesse möglich ist, zu einem logisch in sich widerspruchsfreien Bild des Universums zu gelangen.

Meines Erachtens ist, wie ich in der folgenden Analyse zeigen möchte, das Mandala-Muster gerade so beschaffen, dass es solche, in die Vergangenheit weisenden Vorgänge ausschließt. Diese Strukturanalyse hat allerdings noch keinen Mechanismus zum Gegenstand, der zeigt, wie es *physikalisch* zu diesem Ausschluss kommt. Sie orientiert sich lediglich an den durch diese Struktur begründeten geometrischen Verhältnissen. Um diese Verhältnisse besser nachvollziehen zu können, soll zunächst gezeigt werden, wie Zeitreisen in der Sprache des Minkowski-Diagramms aussehen.

Die Spezielle Relativitätstheorie unterscheidet sich von der Newtonschen Mechanik wesentlich dadurch, dass das Jetzt in ihr keine Linie zwischen Vergangenheit und Zukunft ist, sondern „eine Art breitgetretenes Jetzt“. Es zerfließt zu dem stundenglasförmigen Anderswo, wie wir es in Gestalt des Lichtkegels bereits kennen gelernt haben.[51]

Eben dieses Anderswo könnte, wenn man es im Rahmen dieser Theorie als physikalisch erreichbaren ‚Raum‘ zuließe, genau zu jenen haarsträubenden logischen Widersprüchen führen, wie sie zu Beginn dieses Kapitels geschildert wurden. In der nachfolgenden Abbildung sind drei Wege ins Anderswo dargestellt:

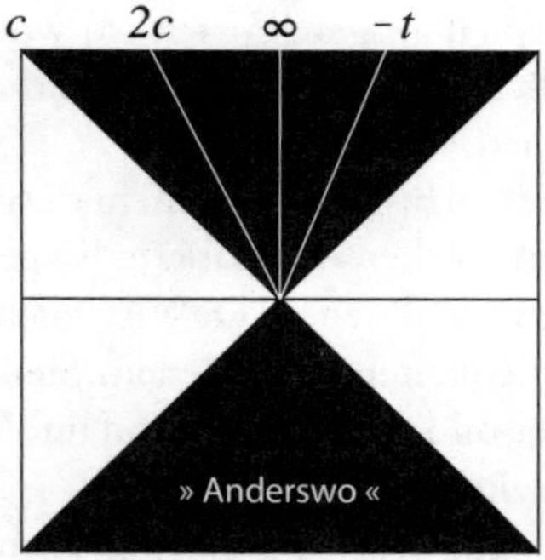

Der linke (obere) Weg wäre, wie der Mathematiker *Rudy Rucker* in seinem ‚Kursbuch für Reisen in die höhere Wirklichkeit‘ erklärt, auch im Rahmen von Einsteins Theorie unproblematisch: Er zeigt einfach jemanden, der mit zweifacher Lichtgeschwindigkeit reist.[52]

Der vertikale Pfad dagegen ist schon sehr viel problematischer. Er zeigt jemanden, der *unendlich schnell* ist – eine Geschwindigkeit, die, wie wir bereits gehört haben, auch in logischer Hinsicht zwingend ausgeschlossen sein muss, wenn man den Widerspruch mit der Konstanz der Lichtgeschwindigkeit vermeiden will.

Doch der rechte (obere) Pfad mündet in schier unerträgliche Widersprüche: Er zeigt jemanden, der sich in der Zeit (= – t) zurückbewegt. Dieser jemand könnte, wann immer er wollte, durch das Senden von Signalen in die Vergangenheit Zeitparadoxien auslösen und die Welt so völlig durcheinander bringen.

Die Spezielle Relativitätstheorie schließt diese beiden problematischen Fälle dadurch aus, dass sie einfach das *gesamte* Anderswo zum »physikalischen Sperrgebiet« erklärt; freilich um den Preis von Überlichtgeschwindigkeiten. Das ist gewissermaßen die Gestalt *ihres* Kausalitätsriegels. Wie nun könnte der Kausalitätsriegel der Physik des Mandalas aussehen? Die naheliegendste und, wie ich finde, schönste Antwort hierauf zeigt die nachfolgende Grafik.

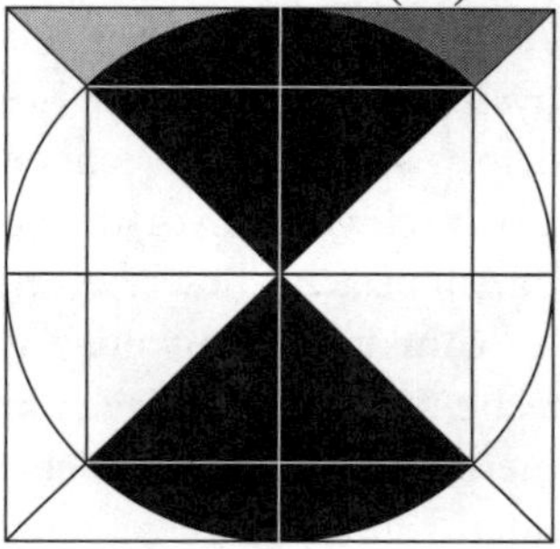

Wenn wir annähmen, dass im Rahmen der Physik des Mandalas die hier schwarz markierten Bereiche als physikalisch unerreichbar ausgewiesen wären, dann hätten wir es mit einem außerordentlich eleganten Kausalitätsriegel zu tun, denn dieser Riegel würde lediglich die beiden Problemfälle ausschließen, nicht jedoch die Möglichkeit zu Überlichtgeschwindigkeiten.

Wie wir der Grafik entnehmen können, wäre dieser Riegel gerade so beschaffen, dass er, was die linkerhand zulässigen Überlichtgeschwindigkeiten anbelangt, nur (und exklusiv) den Geschwindigkeitswert *Unendlich* ($v = \infty$) als physikalisch unerreichbar ausschließt. Er würde damit genau jener Forderung genügen, von der wir schon gehört haben: Er würde die Zeit gerade so weit relativieren, wie es notwendig ist, um einen logischen Widerspruch mit der Konstanz der Lichtgeschwindigkeit zu vermeiden.

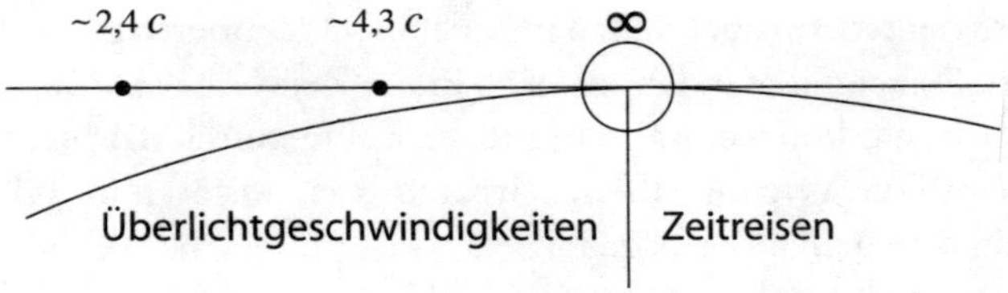

Doch der Ausschluss dieses einen Geschwindigkeitswertes Unendlich böte noch mehr: Er schlösse auch die Möglichkeit aus, in die Zeit zurückreisen zu können. Wenn wir diesen Wert $v = \infty$ nicht erreichen können, dann können wir per se auch alle nachfolgenden, auf der rechten Seite liegenden Werte nicht erreichen. Daher wären Überlichtgeschwindigkeiten in physikalisch und logisch widerspruchsfreier Weise möglich – zumindest dann, wenn der Kausalitätsriegel die hypothetisch angenommene Form besäße.

Obwohl es noch keinerlei *physikalische* Erklärung dafür gibt, wie es im Rahmen der Physik des Mandalas zur Konstitution dieses Riegels kommt, so handelt es sich bei ihm jedoch um eine so *elegante Konzeption,* dass man sich schwerlich vorstellen kann, dass die Natur ihr *nicht* gefolgt ist. In Anbetracht dieser besonderen Eleganz drängt sich unwillkürlich die Schlussfolgerung auf, dass auch Gott, um mit Albert Einstein zu sprechen, in einem Universum, das wie ein Mandala strukturiert wäre, keinerlei Wahl mehr geblieben wäre.

Wenn man die beiden Kausalitätsriegel einander gegenüberstellt, dann sieht man zudem, dass ihr Unterschied nicht sehr gravierend ist. Dieser nur subtile Unterschied signalisiert, dass eine Physik des Mandalas die Aussagen der Speziellen Relativitätstheorie, ***so weit es das uns zugängliche Raum-Zeit-Kontinuum anbelangt,*** vermutlich weitgehend unangetastet lässt.

Einsteins Theorie

Physik des Mandala

Erkenntnisse wie diese ließen mich davon überzeugt sein, dass das Mandala nicht nur eine schöne, sondern auch eine *physikalisch realistische Struktur* war. Sie zeigten, dass diese Struktur nicht mit der Vergangenheit brach, sondern die Kontinuität des wissenschaftlichen Erkenntnisprozesses auf eine unerwartet schöne Weise bewahrte. Sie stellte mit Blick auf den relativistischen Bauplan lediglich eine geringfügige Korrektur dar.

Bevor ich der Frage nachgehe, wie sich die Physik des Mandala experimentell bemerkbar gemacht haben könnte, möchte ich zuvor noch einen kleinen historischen Exkurs einfügen, der zeigt, wie die Struktur des Mandalas im Westen bekannt wurde.

Mandala, *Sanskrit,* wörtlich »Kreis«;
symbolische Darstellung kosmischer Kräfte
in zweidimensionaler Form.

Mandala – Eine kurze Geschichte

Im Westen ist der Begriff des Mandalas untrennbar mit dem Namen *Carl Gustav Jung* (1875 – 1961) verbunden. Er gilt als der Begründer der *Analytischen Psychologie.* 1913, 38jährig, befand er sich auf dem Höhepunkt seiner Karriere. Er hatte eine Familie mit fünf Kindern, eine erfolgreiche psychiatrische Praxis – und er war bereits anerkannter Autor. Ein Bruch mit Freud, als dessen Meisterschüler er gilt, stürzte ihn unerwartet in eine tiefe Krise, die drei Jahre lang andauern sollte. Am Ende dieser düsteren Phase begann er Mandalas zu zeichnen, ohne zu wissen, was sie bedeuteten. Doch er beobachtete signifikante Änderungen seines geistigen Zustandes in Richtung Harmonie und Ausgeglichenheit. Es sollte allerdings mehr als zehn Jahre dauern, bis er für diese therapeutische Wirkung eine fundierte systematische Theorie formulieren konnte. Er identifizierte das Mandala schließlich als einen universellen Archetypus, der tief im kollektiven Unbewussten eines jeden Individuums schlummerte. Er verkörperte, so Jungs Auffassung, ein universell vorhandenes Urbild in der Seele aller Menschen, unabhängig von ihrer Geschichte und Kultur. Seine therapeutische Wirkung – also seine Fähigkeit, uns wieder in Einklang mit der Welt zu bringen –, erklärte er damit, weil die Welt in ihrer innersten Essenz wie ein Mandala aufgebaut sei. Er hielt diesen Archetypus für eine so prägnante Urform des Universums, das er ihr eigenes Buch widmete.[53] Sein 1932 einsetzender Dialog mit dem Physiker Wolfgang Pauli sollte diese Einschätzung stärken.[54]

C. G. Jungs Studien trugen wesentlich dazu, dass die Struktur des Mandalas in der westlichen Kultur Verbreitung fand. Im Zuge dieses kulturellen Prozesses ist auch das Wissen des Tibetischen Buddhismus über diese Struktur mehr und mehr in das Blickfeld der Öffentlichkeit getreten. Künstler und Wissenschaftler entdeckten, dass der Tibetische Buddhismus über eine regelrechte »Mandalawissenschaft« verfügt.[55]

Und in der Tat: Das Mandala spielt im Tibetischen Buddhismus eine zentrale spirituelle Bedeutung. Das Wort „Mandala“ reflektiert diese zentrale Bedeutung: Es ist etymologisch aus zwei Wörtern zusammengesetzt: dem Wort „manda“ und dem Suffix „la“. Die Bedeutung von „manda“ ist Behälter, die von „la“ Essenz. Das Wort „Mandala“ bedeutet daher *Behälter der Essenz.* Und Essenz bedeutet in diesem Zusammenhang: Essenz der Wirklichkeit – also das, was die Welt im Innersten zusammenhält.

Mandalas werden im Tibetischen Buddhismus bewusst als Mittel der Meditation genutzt, um uns die Möglichkeit zu geben, mit eben dieser ultimativen Ebene der Wirklichkeit in Verbindung zu treten – eine Ebene, die auch als der »Geist« bezeichnet wird.

Da das Mandala in seiner Eigenschaft als Urform des Universums *nur einen Schritt weit* von dieser ultimativen Essenz der Wirklichkeit entfernt ist, gilt es als eine der geeignetesten Plattformen, um seine Existenz innerlich »realisieren« zu können. Durch wiederholte Konzentration auf das Mandala schafft der Praktizierende in seinem Bewusstsein psychologische Bedingungen, um die Distanz zwischen seinen alltäglichen Wahrnehmungen und Erlebnissen und dem erleuchteten Zustand systematisch »verkürzen« zu können. Oder wie es *Rüdiger Dahlke* ausdrückte:

„Wenn wir uns mit dem Mandala beschäftigen, haben wir es mit einer vollkommenen Form zu tun. Geben wir uns dieser Beschäftigung wirklich hin, wird das Auswirkungen auf unsere Vollkommenheit haben, selbst wenn der Vorgang erst einmal ein äußerlicher ist.“[56]

Als das komplexeste Mandala gilt das »Kalachakra-Mandala« (wörtlich übersetzt: *Das Mandala vom Rad der Zeit*). Es enthält ein ganzes Weltbild. Seine Symbolik ist durch eine alle Bereiche durchdringende Korrespondenz zwischen Mikrokosmos und Makrokosmos gekennzeichnet. Es umfasst als solches nicht nur alle Aspekte der menschlichen Existenz, es enthält sogar eine bis ins kleinste Detail gehende Kosmologie. Mittlerweile sind viele Menschen in das Wissen um dieses Mandala »initiiert« worden. Die Kalachakra-Initiation wurde bereits viele Male von dem XIV. Dalai Lama, Tenzin Gyatso, an Zehntausende von Westlern weitergegeben.

Auch ich hatte die Gelegenheit, im Dezember 1982 in Stockholm unter dem Ehrwürdigen Kalu Rinpoche an einer solchen Kalachakra-Initiation teilnehmen zu können.[57] Es war der Eintritt in eine für mich zu jener Zeit noch sehr magische Welt. Meine »Zufluchtnahme« – die Eintrittszeremonie in die Welt des Tibetischen Buddhismus – lag gerade einmal ein halbes Jahr zurück. Mir waren weder die buddhistischen Rituale vertraut noch hat ich ein klares Bild darüber, was das Ganze sollte. Es war auch das erste Mal in meinem Leben, da ich ein Mandala bewusst wahrgenommen habe. Es war für zwei Tage hinter einem safrangelben Vorhang verborgen gewesen. Zuvor war es von buddhistischen Mönchen in einem äußerst aufwendigen und zeitraubenden Verfahren mit Farbpulver aufgetragen worden. Am dritten Tag schließlich – nach Abschluss der vorbereitenden Rituale – wurde der Vorhang geöffnet. In einer langen Prozession umwandelten alle Teilnehmer der Initiation das nunmehr sichtbare Sandmandala. Als ich es sah, war ich von seiner beispiellosen Schönheit und Akkuratesse beeindruckt. Ich traute mich kaum zu atmen – aus Angst, seine filigrane Struktur zu zerstören.

In der Nacht darauf hatte ich einen höchst ungewöhnlichen Traum: Ich träumte, wie in meinem Herzen aus einem winzigen Punkt heraus ein Mandala explodierte und in tausend Farben zerbarst. Ich weiß nicht, ob und inwieweit dieser Traum bereits der Same dessen war, was ich später »entdecken« sollte. Als sehr viel wesentlicher erwies sich der Umstand, dass diese Struktur *aus der systematischen Auseinandersetzung mit der Speziellen Relativitätstheorie hervorgetreten ist.* Erst dieser Umstand offenbarte mir die wahre Bedeutung dieser Struktur. Zuvor war dieses Muster für mich nicht mehr als „nur" ein Hilfsmittel zur Meditation. Die Tatsache, dass es innerhalb der buddhistischen Philosophie ausdrücklich als *Kosmogramm* bezeichnet worden ist, hielt ich – wie die meisten, die damit umgehen – für eine mehr metaphorische Sprechweise. Doch als dieses Muster unvermittelt aus dem Schoß des »Einstein-Quadrates« hervortrat, änderte sich dieser Eindruck schlagartig. Mit einem Mal wurde mir klar, dass es sich bei dem Mandala vielleicht nicht nur in einem übertragenen, sondern womöglich in einem ganz konkreten Sinne *um einen fundamentalen Bauplan des physikalischen Universums* handelte.

Umso mehr stellte ich mir in den folgenden Jahren Fragen wie: Welche physikalische Bedeutung hat dieser archetypische Bauplan eigentlich? Was leistet er? Und wie lässt er sich experimentell beweisen?

Diesen Fragen ist Abschnitt IV dieses Buches gewidmet.

IV –
Ein Archetypus wird entschlüsselt ...

»Epsteins Deutung« oder: Die Mandala-Sprache

Ein geometrisches Muster wie die Struktur des Mandala war, wie ich wusste, ohne Angabe entsprechender physikalischer Parameter nicht mehr als ein Stück reiner Mathematik. Zu etwas Physikalischem wurde es erst durch entsprechende Parameter, wie z. B. Länge, Breite, Masse oder Geschwindigkeit. Erst solche Parameter verwandelten seine sakrale Geometrie in Physik.

Wie mir die Enthüllungsgeschichte gezeigt hatte, erwies sich offenbar die *Geschwindigkeit* als die entscheidende physikalische Größe, um dieses Muster zu »parametrisieren«. Doch welche Parameter hatte ich anzunehmen? In seiner ursprünglichen Form, so wie es unmittelbar aus dem ‚Einstein-Quadrat' hervorgetreten war, bot es ein recht verwirrendes und in sich widersprüchliches Bild.

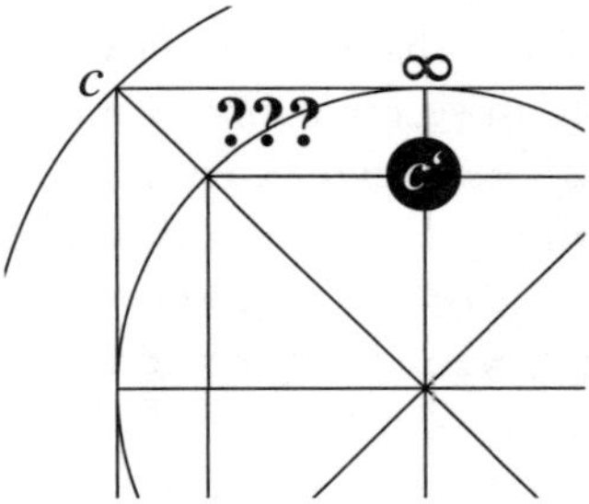

So widersprachen sich die beiden Lichtgeschwindigkeiten c und c', denn sie wiesen *unterschiedliche* Längen auf. Es stellte sich daher unumgänglich die Frage: Welche dieser beiden Längen war – mit Blick auf den Wert der Lichtgeschwindigkeit – die fundamentalere und damit die gültigere?

Am Ende zeigte sich, dass *keine dieser beiden Längen* den Anspruch erheben konnte, fundamental zu sein. Diese Erkenntnis trat durch eine ungewöhnliche Deutung der Speziellen Relativitätstheorie zu Tage. Sie ist von dem Physiker *Carroll Lewis Epstein* entwickelt worden und gilt heute als eine der didaktisch besten Einführungen in Einsteins Theorie.

Zentrales Element dieser Deutung ist das, was Epstein selbst als »kosmischen Geschwindigkeitsmesser«[58] bezeichnet. Es handelt sich um einen ‚Viertelkreis' – mit der Lichtgeschwindigkeit c als Radius.

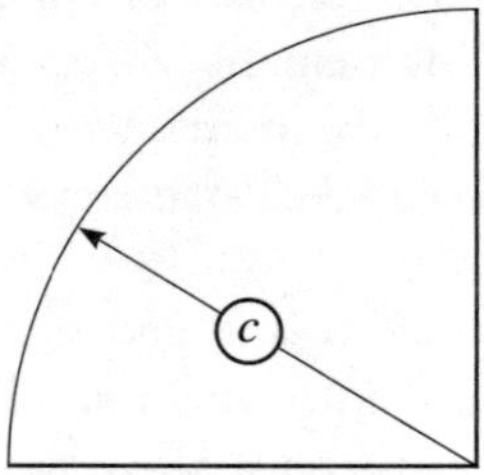

Eben diese »Epstein-Matrize« lieferte den entscheidenden Hinweis, wie der Wert von c in der Struktur des Mandalas physikalisch parametrisiert werden musste.

Da die archetypische Struktur aufgrund ihres überlichtschnellen Strukturüberhanges umfassender war als die speziell-relativistische, war es naheliegend, diese Matrize ihrem inneren Kreis zuzuordnen. Hieraus ergab sich für Radius des inneren Kreises der Mandala-Struktur der Wert der Lichtgeschwindigkeit, während dem äußeren Kreis notwendig der Faktor $\sqrt{2}\,c$ oder: ***1.414… c*** zugeordnet werden musste.

Diese Zuordnungsoperation barg eine physikalisch höchst brisante Schlussfolgerung in sich: Wenn sie zutraf, dann lieferte die Spezielle Relativitätstheorie offenbar kein zutreffendes Bild des physikalischen Universums. Sie zeigte, dass die *Lichtgeschwindigkeit c* nicht so absolut war, wie Einstein angenommen hatte.

Angesichts des Umstandes, dass die Spezielle Relativitätstheorie eine der am besten getesteten Theorien der modernen Physik darstellte, stellte sich natürlich sofort die Frage nach der experimentellen Überprüfbarkeit dieser beinahe subversiven Behauptung.

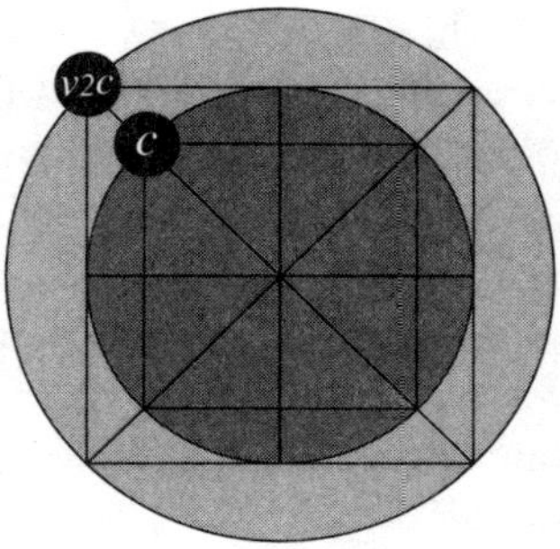

Eine bestimmte Klasse von Experimenten konnte von vornherein ausgeschlossen werden, und zwar alle Experimente, soweit sie die Konstanz der Lichtgeschwindigkeit betrafen, denn genau diese Annahme blieb, wie die Struktur des Mandala augenscheinlich zu erkennen gab, von ihr unberührt, denn die Geschwindigkeit des Lichtes war in allen Richtungen dieselbe. Das gesuchte Experiment konnte also nur dem ersten Prinzip der Speziellen Relativitätstheorie gelten – dem Prinzip der Relativität.

Da die Struktur des Mandalas mit ihrem Parameter von $\sqrt{2}\,c$ über c hinausging, war es eine naheliegende Schlussfolgerung, *mit spezifischen Abweichungen von der Lorentz-Transformation zu rechnen.* Doch wie sahen diese Abweichungen aus? Auch bei der Beantwortung dieser Frage erwies sich die Epsteinsche Deutung der Speziellen Relativitätstheorie als ein sehr hilfreiches Werkzeug.

Einstein – frei nach Epstein

Epstein zufolge sind in dem von Albert Einstein beschriebenen Bild des Universums alle raumzeitlichen Vorgänge auf den Viertelkreis beschränkt. Darin drückt sich die Absolutheit der Lichtgeschwindigkeit aus. Es gibt also *prinzipiell* keine über diesen Viertelkreis hinausweisende Strukturen. Was Epsteinsche Diagramme, verglichen mit den Minkowski-Diagrammen, auf den ersten Blick als sehr befremdlich erscheinen lässt, ist die ihnen zugrunde liegende *physikalische* Deutung.

Epstein behauptet nämlich, *dass sich alle Dinge stets mit Lichtgeschwindigkeit bewegen.* Dies mag zunächst völlig abstrus klingen, da wir an die Vorstellung gewöhnt sind, dass die meisten Objekte mit einer weitaus geringeren Geschwindigkeit als der des Lichts unterwegs sind. Doch Epstein spricht ausdrücklich von einer »zusammengesetzten« Geschwindigkeit, und zwar zusammengesetzt aus allen vier Dimensionen, und zwar drei des Raumes und einer der Zeit. In diesem verallgemeinerten Sinne ist die Geschwindigkeit eines jeden Objektes dann tatsächlich gleich der des Lichts.[59]

Um diese Tatsache richtig zu verstehen, muss man sich klarmachen, dass sich diese eine unveränderliche Geschwindigkeit zwischen verschiedenen Dimensionen aufteilen lässt – das heißt verschiedenen Dimensionen des Raumes *und* der Zeit. Wenn ein Objekt (relativ zu uns) ruht und sich folglich überhaupt nicht durch den Raum bewegt, dann wird die ganze Geschwindigkeit des Objekts für die Bewegung in einer Dimension verwendet – in diesem Falle der zeitlichen Dimension. Ein Objekt altert, wie Epstein es ausdrückt, so schnell es kann. Doch wenn sich ein Objekt durch den Raum bewegt, folgt daraus, dass ein Teil der bisherigen Bewegung durch die Zeit für die Bewegung durch den Raum abgezweigt werden muss. Aus eben dieser Teilung der Bewegung ergibt sich, dass sich das Objekt langsamer durch die Zeit bewegt als die anderen ruhenden Objekte, da ein Teil seiner Bewegung jetzt von der Fortbewegung im Raum aufgezehrt wird. Das heißt, seine Uhr tickt langsamer, wenn es sich durch den Raum bewegt. Wir sehen jetzt, dass sich die Zeit verlangsamt, wenn sich ein Objekt relativ zu uns bewegt, weil dadurch ein Teil seiner Bewegung durch die Zeit in eine Bewegung durch den Raum umgewandelt wird. Die Geschwindigkeit eines Objektes durch den Raum bringt einfach zum Ausdruck, wie viel von seiner Bewegung durch die Zeit für die Bewegung durch den Raum verwendet wird.

Wie Epstein zeigt, lässt sich mit diesem Konzept mühelos begründen, warum die räumliche Geschwindigkeit eines Objekts begrenzt ist: Die Höchstgeschwindigkeit im Raum ist erreicht, wenn die gesamte Bewegung eines Objekts durch die Zeit zur Bewegung durch den Raum geworden ist. Dies ist mit Erreichen der Lichtgeschwindigkeit der Fall. Daher hat ein Objekt, dass sich mit Lichtgeschwindigkeit durch den Raum bewegt, auch keine Geschwindigkeit mehr für die Bewegung durch die Zeit übrig. Kurzum: Die Zeit steht still.

Da es in der Epsteinschen Deutung keinerlei Möglichkeit gibt, die Geschwindigkeit von irgendetwas zu verändern, weil sich eben alles mit der Geschwindigkeit des Lichts bewegt, ist das einzige, was man verändern kann, die ***Richtung*** der Bewegung durch die Raumzeit. Entsprechend diesem Verständnis wird in Abhängigkeit von der jeweiligen Relativgeschwindigkeit, Epstein nennt sie auch »Mischgeschwindigkeit«, Raum und Zeit innerhalb des von der Lichtgeschwindigkeit definierten absoluten Kontextes auch in unterschiedlicher Weise aufgespalten.

Es ist, wie Epstein sehr eindrucksvoll zeigen kann, möglich, sämtliche Aussagen der Speziellen Relativitätstheorie mit Hilfe seiner Diagramme darzustellen. Mit ihnen habe er, wie er selbst erklärt, den Versuch unternommen, die Spezielle Relativitätstheorie so darzustellen, dass sie ein uns *vertrauteres und logischeres Bild vom Universum* zeigt.

Was dieses vertrautere und logischere Bild des Universums ausmacht, ist ein, unserem inneren Erleben mehr angepasster Zeitbegriff. Um dem kontraintuitiven Charakter der Konstanz der Lichtgeschwindigkeit Herr zu werden, hat Albert Einstein, wie wir bereits erfahren haben, die Zeit auf eine ziemlich drastische Weise relativiert. Durch diese Relativierung der Zeit war es ihm zwar möglich, der Kontraintuitivität des Lichts ein Schnippchen zu schlagen, aber nur um den Preis einer nicht minder kontraintuitiven Lösung, denn gerade die Relativität der Zeit war der für viele Physiker und Philosophen unverständlichste Aspekt an der Speziellen Relativitätstheorie. Dieser kontraintuitive Zug der Zeit hat die Kritiker, wie bereits erwähnt, am häufigsten auf den Plan gerufen. Der Umstand, dass die Zeit – in Abhängigkeit von der Geschwindigkeit des Beobachters – langsamer oder schneller fließen konnte, war für viele Physiker und Philosophen ein so drastischer Bruch mit dem natürlichen Zeitempfinden, dass sie wieder und wieder gegen diesen Aspekt opponiert haben. Im sogenannten *Zwillingsparadoxon* haben diese Verständnisschwierigkeiten ihren vielleicht nachhaltigsten Ausdruck gefunden.

Relativität der Zeit – das bedeutet in diesem speziellen Fall: Zwillinge altern unterschiedlich schnell, wenn sie sich mit unterschiedlicher Geschwindigkeit durch den Raum bewegen. Und je schneller sich einer der beiden Zwillinge im Verhältnis zum anderen bewegt, umso drastischer fällt dieser Altersunterschied aus. So sagt Einsteins Theorie vorher, dass sich einer der Zwillinge, wenn er sich dreißigjährig für kurze Zeit mit einer Geschwindigkeit nahe des Lichts auf eine Blitztour durch den interstellaren Raum begibt, seinen auf der Erde daheimgebliebenen Bruder nur noch als Greis wiedertrifft.

Dieses Ergebnis war für viele Intellektuelle zu Beginn des 20. Jahrhunderts eine so krude Vorstellung, dass sie an der Idee eines gleichbleibenden »Zeitflusses« festhielten, ohne sie allerdings physikalisch überzeugend rechtfertigen zu können.

An diesem Punkt setzt Epsteins Versuch, der speziellen Relativitätstheorie eine vertrautere und logischere Gestalt zu geben, an: Ausgehend von seiner Deutung, wonach sich alle Dinge stets mit der Geschwindigkeit des Lichts bewegen, zeigt er, warum wir Zeit als einen stets konstanten Zeitfluss wahrnehmen. Da sich nichts und niemand langsamer und auch nicht schneller als mit der Geschwindigkeit des Lichts bewegen kann, kann auch die Zeit, so Epstein, weder langsamer noch schneller fließen. Das »Tempo des Zeitablaufs«, definiert durch den Parameter **t**, wie auch »unsere Geschwindigkeit durch die Raumzeit«, definiert durch die Konstante ***c***, seien nur zwei verschiedene Seiten ein- und derselben Münze. Ließe sich »unsere Geschwindigkeit durch die Raumzeit« erhöhen, so ließe sich auch das »Tempo des Zeitablaufs« erhöhen.[60]

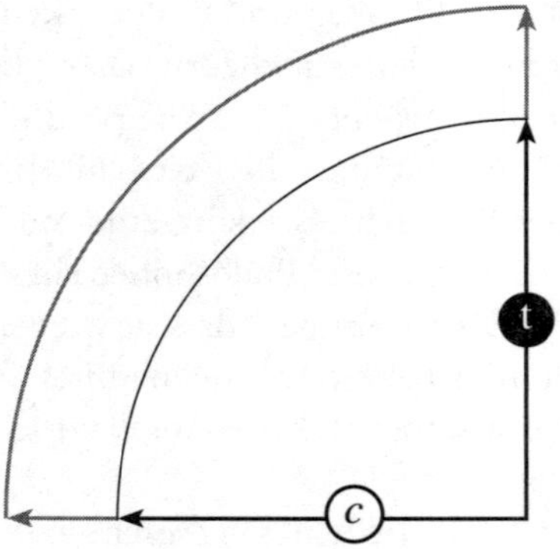

Eben dieses von Epstein entwickelte vertrautere und logischere Bild des Universums offerierte auch die Möglichkeit, die experimentellen Folgen des Mandala-Muster physikalisch abschätzen zu können.

Einsteins Theorie auf dem optischen Prüfstand
Die Spezielle Relativitätstheorie ist einer der Grundpfeiler der modernen Physik. Im Rahmen einer zukünftigen Quantengravitation könnten sich jedoch Abweichungen von den bekannten Gesetzen, insbesondere der Lorentz-Transformation ergeben. Neuere Experimente bestätigen aber bislang die Vorhersagen der Speziellen Relativitätstheorie sehr genau.

Phys. Unserer Zeit, 35. Jahrgang 2004, Nr. 2

Der Schatten des Geistes – Experimentelle Mutmaßungen

So wie die Spezielle Relativitätstheorie die Bewegungsgleichungen der Newtonschen Mechanik korrigiert hatte, so war zu erwarten, dass die Physik des Mandalas ihrerseits die relativistischen Bewegungsgleichungen korrigieren würde. Angesichts des ungeheuren experimentellen Erfolges, den die Spezielle Relativitätstheorie in den letzten einhundert Jahren für sich verbuchen konnte, war es offensichtlich, dass diese Korrektur nur sehr subtiler Natur sein konnte. Das bedeutete, die Mandala-Funktion durfte sich – wenn überhaupt – nur sehr geringfügig von der relativistischen Funktion unterscheiden.

In diesem Kapitel möchte ich zeigen, wie dieser subtile Unterschied aussehen *könnte.* Es handelt sich jedoch, um dies gleich vorweg zu schicken, um keine ausgearbeitete Messvorschrift. Es handelt sich lediglich um ein paar Mutmaßungen in dieser Richtung; Mutmaßungen allerdings, die so spezifisch sind, dass sie experimentell überprüfbar sind.

Nachfolgend sind fünf konkrete Fallbeispiele aufgelistet, die zeigen, wie die entsprechenden »Epstein-Matrizen« bei verschiedenen Relativgeschwindigkeiten aussehen.

Einsteins Universum: Eine Bildergalerie

Bild Nr. 1 zeigt, wie das Universum bei der Relativgeschwindigkeit Null oder physikalisch bei dem Geschwindigkeitswert $v = 0$ aussieht. Bei diesem Geschwindigkeitswert kommt es zu keiner Mischgeschwindigkeit, da in diesem Falle nur die *Zeit,* nicht aber der Raum durcheilt wird. Oder wie Epstein formuliert: „Ein unbewegtes Objekt im Raum reist mit maximaler Geschwindigkeit durch die Zeit. Es altert so schnell es kann."[61]

Bild Nr. 1

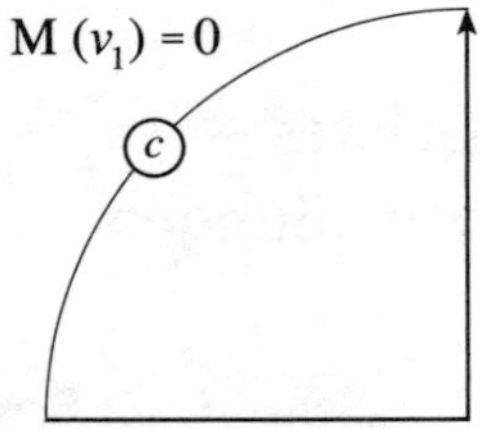

In den nachfolgenden drei Darstellungen sind Einsteins Bilder des Universums bei drei speziellen Unterlichtgeschwindigkeiten gezeigt.

Bild Nr. 2

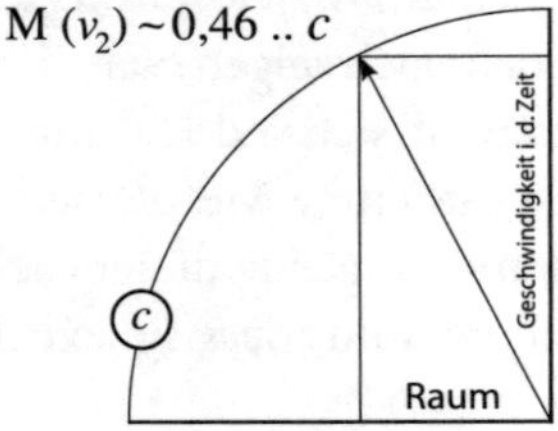

Bild Nr. 3
»Welt am Gödelpunkt«

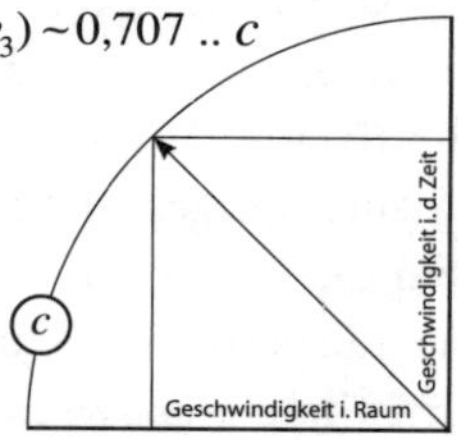

Bild Nr. 4

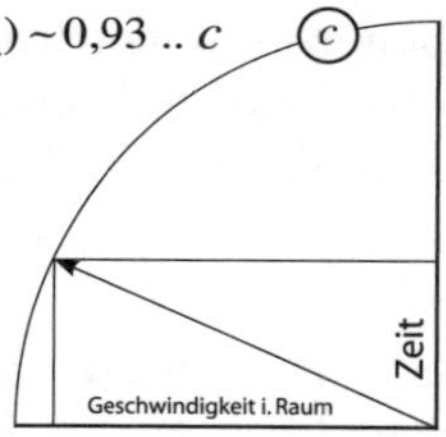

Und mit dem nachfolgenden Bild No. 5 schließlich ist dokumentiert, wie das Einsteinsche Bild des Universums bei einer Relativgeschwindigkeit aussieht, die der des Lichtes entspricht.

Bild Nr. 5

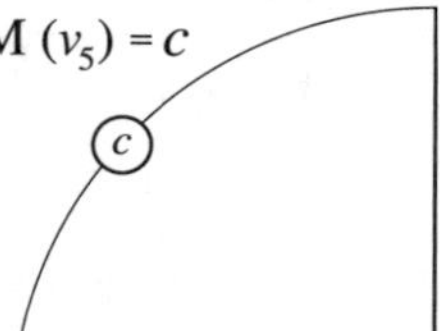

Auch hier kommt es, ebenso wie bei dem Geschwindigkeitswert von $v = 0$, zu keiner Mischgeschwindigkeit, da in diesem speziellen Fall nur der Raum, nicht aber die Zeit durcheilt wird. Lassen wir auch hier Epstein selbst zu Worte kommen. Er schreibt: „Das Objekt hat die maximal mögliche Geschwindigkeit im Raum, die Lichtgeschwindigkeit. Seine Geschwindigkeit in der Zeit ist null. Es ist stationär in der Zeit.“[62]

Anhand dieser Bildergalerie erkennt man, dass sich die *Längen* und *Breiten* der im Viertelkreis eingezeichneten Vierecke – in Abhängigkeit von der jeweiligen Relativgeschwindigkeit – *verändern.* Und eben diese sich verändernden Breiten und Längen repräsentieren in der Epsteinschen Interpretation die Relativität von Raum und Zeit. Raum und Zeit werden unterschiedlich aufgespalten, je nachdem mit welcher Geschwindigkeit sich ein Objekt in dem absoluten Kontext von c bewegt. Raum und Zeit verkörpern als solches keine absoluten Größen mehr, sondern nur noch *relative Größen* – in völliger Übereinstimmung mit der geltenden Standardinterpretation.

Anhand dieser fünf exemplarisch gezeigten »Epstein-Matrizen« lassen sich die möglichen experimentellen Folgen einer »Physik des Mandala« auf eine sehr anschauliche Weise nachvollziehen. Vergleicht man nämlich diese fünf Bilder mit der Struktur des Mandalas, dann sieht man, dass sich drei von ihnen mit dieser Struktur zur Deckung bringen lassen – und zwei nicht.

Es ist naheliegend, anzunehmen, dass die Struktur des Mandalas überall dort, wo sie sich mit den entsprechenden speziell-relativistischen Bildern zur Deckung bringen lässt, auch zu denselben experimentellen Vorhersagen führen wird wie diese. Dies ist bei den Bildern Nr. 1, 3 und 5 der Fall. Aufgrund dieses Umstandes vermute ich, dass die Physik des Mandalas auch für diese drei ausgewählten Geschwindigkeitswerte

$$v = 0$$
$$v = 1/\sqrt{2}$$
$$v = c$$

exakt dieselben Massenwerte vorhersagt wie die Spezielle Relativitätstheorie. In der nachfolgenden Grafik ist dies anschaulich gezeigt, wobei dem Bild Nr. 3 – der Welt am Gödelpunkt – zweifellos eine Schlüsselrolle zukommt, denn diese Übereinstimmung ist weit weniger evident als die Übereinstimmung mit den beiden anderen Bildern.

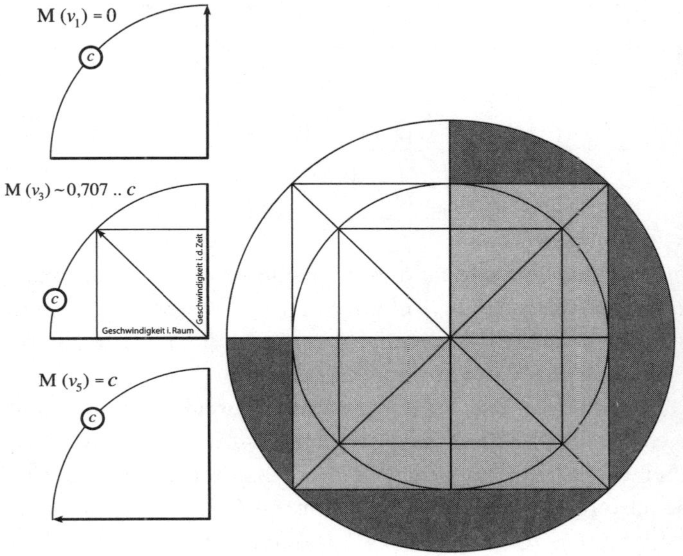

Wenn man sich nun die »Epstein-Matrizen« bei anderen Geschwindigkeiten anschaut, dann erkennt man, dass es sich bei den drei zuvor gezeigten Matrizen um *Spezialfälle* handelt, denn nur in diesen drei Fällen können diese speziell-relativistischen Matrizen mit der Struktur des Mandalas zur Deckung gebracht werden. In allen anderen Fällen ist dies, wie Bild Nr. 2 und Bild Nr. 4 exemplarisch zeigen, *nicht* möglich. Es ist daher naheliegend, anzunehmen, dass die Physik des Mandala auch in diesen Fällen von der Relativitätstheorie abweichende Massenwerte vorhersagen wird: *Sie wird also – mit Ausnahme dieser drei Spezialfälle – entweder einen kleineren oder größeren Massenwert prognostizieren als dies.*

Obwohl noch keinerlei mathematisch und physikalisch ausgearbeitete Theorie vorliegt, so ist es jedoch bereits aufgrund dieser wenigen Informationen möglich, die Gestalt der Mandala-Funktion (MF) so weit einzugrenzen, dass nur vier mögliche »reguläre« Varianten in Frage kommen. In der nachfolgenden Tabelle sind diese vier Varianten eingefangen.

	MF_1	MF_2	MF_3	MF_4
$v = 0$	0	0	0	0
$v < 0{,}707\ c$	+	−	+	−
$v = 0{,}707\ c$	0	0	0	0
$v > 0{,}707\ c$	−	+	+	−
$v = c$	0	0	0	0

Zum besseren Verständnis dieser Tabelle ist es nützlich, eine dieser Funktionen näher kennenzulernen. Ich habe bewusst die Funktion gewählt, von der ich annehme, dass sie physikalisch realisiert sein *könnte.* Es handelt sich um die erste Funktion – MF_1.

Diese Funktion sagt für den gesamten unteren Geschwindigkeitsbereich $v < 0.707$ *c durchgängig größere Massenwerte (+)* voraus als die Spezielle Relativitätstheorie. Für den gesamten Bereich der Gödel-Zone, also für alle Geschwindigkeiten $v > 0.707$ *c,* sagt sie hingegen *durchgängig kleinere Massenwerte* (-) voraus. Am Gödel-Punkt stimmt sie mit der relativistischen Funktion überein – ein Umstand, der natürlich allen Mandala-Funktionen gemeinsam ist und der in der Tabelle durch eine 0 gekennzeichnet ist.

Auch wenn diese spezielle Mandala-Funktion in formaler Hinsicht noch weitgehend unbestimmt war, so war die von ihr beschriebene Kurve jedoch so charakteristisch, dass sie eine gewisse wissenschaftliche Aussagekraft besaß. Daher war es bereits zu diesem frühen Zeitpunkt der Theorieentwicklung von einigem Interesse, einen Abgleich mit den bereits vorhandenen experimentellen Daten vorzunehmen.

Dieser Abgleich ergab dann ein verblüffendes Ergebnis: So zeigten sowohl eine von W. Kaufmann[63] (1910) als auch eine von M. Rogers[64] (1940) durchgeführte Messung einen mit ihr verträglichen Funktionsverlauf. Beide Messungen führten bei Geschwindigkeitswerten *v < 0,707 c durchgängig zu größeren Werten* als den von der speziellen Relativitätstheorie errechneten und bei Geschwindigkeitswerten, die *v > 0,707 c* waren, *durchgängig zu kleineren Werten* als die relativistisch vorhergesagten. In beiden Messungen kam es um den als Gödelpunkt bezeichneten Geschwindigkeitspunkt offenbar zu einem »Vorzeichenwechsel«.

velocity (km/sec)	% C	relativistic prediction (x10^{-31} kg)	measured mass (x10^{-31} kg)	difference	measured deviation (+/–)	metaphysical predicted deviation (+/–)	data source
5929	0,02	9,1	9,11	+ 0,01	+	+	Kaufmann
18710	0,06	9,117	9,13	+ 0,013	+	+	Kaufmann
58430	0,19	9,277	9,29	+ 0,013	+	–	Kaufmann
164200	0,54	10,87	10,88	+ 0,01	+	–	Kaufmann
189980	0,63	12,93	12,98	+ 0,05	+	–	Rogers
208868	0,69	13,93	14,04		+	+	Rogers
211952	0,707	Gödel-Point: $1/\sqrt{2}$				0	No data
224700	0,74	15,11	15,07	– 0,04	–	–	Rogers
283500	0,95	27,82	27,59	– 0,23	–	–	Kaufmann

Auch die von William Bertozzi 1964 durchgeführte Messung, wie sie bereits im Kapitel *Porträt einer fast perfekten Theorie* vorgestellt worden ist, fügte sich einigermaßen harmonisch in diese Vorhersage. Diese Messung galt ausschließlich dem Hochgeschwindigkeitsbereich der Gödel-Zone. Und auch in diesem Fall zeigten die Daten eine bemerkenswerte Übereinstimmung mit dem Kurvenverlauf der ersten Mandala-Funktion MF_1: Drei der vier gemessenen Werte waren, wie erwartet, *kleiner* als die relativistisch berechneten.[65]

Dieses Ergebnis stimmt nachdenklich. Es deutet *faktisch* nicht nur auf eine Abweichung von der Lorentz-Transformation hin, die Art und die Weise dieser Abweichung korreliert auffallend mit dem von MF_1 vorausgesagten Werteverlauf.[66] Wenn sich dieses Ergebnis auf der Grundlage einer mathematisch und inhaltlich präzisierten »Physik des Mandala« reproduzieren ließe, dann wäre dies zweifellos eines der bedeutendsten Forschungsergebnisse des 21. Jahrhunderts.[67] Das erste Mal in der Geschichte der Menschheit hätte ein universeller Archetypus auf dem Teststand der modernen Naturwissenschaft gestanden und seine Wahrheit unter Beweis gestellt. Ein solcher Beweis hätte unabsehbare Folgen für unser Verständnis vom Universum und uns selbst.

Angesichts dieser Bedeutung fragt man sich unwillkürlich, warum diese Abweichungen von der relativistischen Funktion bislang keinem Physiker aufgefallen sind. Tatsächlich erwartet, wie ich bei meiner Suche nach möglichst aktuellen Daten erfahren sollte, kein Physiker in diesem Bereich *irgendwelche* experimentellen Abweichungen von den Aussagen der Speziellen Relativitätstheorie.

So teilte mir kürzlich ein junger Physiker mit, dass der Effekt der Massenzunahme täglich unzählige Male in den Teilchenbeschleunigern gemessen würde, da die Magnetfeldstärken dieser Maschinen entsprechend angepasst werden müssten. Er war mithin der Auffassung, dass die elektronischen Protokolle der derzeit laufenden Maschinen stets »tagesaktuelle« Messungen dieses Effektes liefern würden. Eine Nachfrage bei DESY, dem Teilchenbeschleuniger nahe Hamburg, brachte dann jedoch Überraschendes zu Tage: Mir wurde nämlich mitgeteilt, dass solche Messprotokolle nicht vorlägen, da die relativistische Funktion gerade dazu benützt würde, eine solche Anpassung vorzunehmen!

Wie diese Mitteilung sehr deutlich zeigt, hegen Physiker nicht nur keinerlei Zweifel an der Gültigkeit der relativistischen Funktion, sie setzen sie sogar als unbedingt wahr voraus. Warum zeitgenössische Physiker derlei Abweichungen nicht in Betracht ziehen, liegt auf der Hand: Wie das auf Seite 35 geschilderte Bertozzi-Experiment zeigt, wird die relativistische Funktion, *verglichen mit der »älteren« Newtonschen Funktion,* durch die experimentellen Daten auf eine so klare und eindeutige Weise bestätigt, dass man schlicht keinen Grund hat, die Gültigkeit dieser Funktion zu bezweifeln.

In den meisten Fällen, in denen eine moderne physikalische Theorie, bezweifelt wird, ist dieser Zweifel *theoretisch* begründet – und dieser theoretisch begründete Zweifel bestimmt auch maßgeblich das »Gebiet«, *wo* Physiker nach möglichen experimentellen Abweichungen von dieser Theorie suchen. Die Spezielle Relativitätstheorie ist ein klassisches Beispiel hierfür.

Wie ich bereits im Kapitel *Auf der Suche nach der Weltformel* berichtet habe, zweifeln mittlerweile auch moderne Physiker an der *unbeschränkten* Gültigkeit dieser Theorie. Doch dieser Zweifel ist ausschließlich theoretisch begründet: Er basiert auf theoretischen Ansätzen zur Vereinigung von Quantenfeldern und Gravitation. Diese Theorieansätze sagen für den Bereich von 10^{-34} bis 10^{-17} Metern Abweichungen von den Vorhersagen der Speziellen Relativitätstheorie voraus. Und nur in diesem Bereich halten moderne Physiker auch Ausschau nach möglichen experimentellen Anomalien.

Für eine Abweichung vom Gesetz der relativistischen Massenzunahme, wie sie die Struktur des Mandalas nahe legt, gibt es schlichtweg keine theoretische Grundlage innerhalb der modernen Physik.

Ob das Universum allerdings *wirklich* solche Abweichungen zeigt, diese Frage lässt sich natürlich nur dann überzeugend beantworten, wenn wir über eine entsprechend ausgearbeitete Physik des Mandalas verfügen.

Eine solche Physik zu entwickeln, könnte sich allerdings als eine sehr anspruchsvolle und herausfordernde Aufgabe erweisen. Da es sich bei der Struktur des Mandalas um ein buddhistisches Muster handelt, drängt sich der Gedanke auf, dass auch die buddhistische Philosophie eine wesentliche Rolle spielen wird, um ihre tiefere physikalische Bedeutung erfassen zu können. Und die buddhistische Philosophie ist ein intellektuell äußerst anspruchsvolles System. Es arbeitet, wie die Madhyamika-Philosophie eines Nagarjunas zeigt, mit äußerst subtilen Konzepten; Konzepte, die unsere traditionellen Wirklichkeitsbegriffe vollständig transzendieren.[68]

Doch es gibt es einen guten Grund, sich dieser Aufgabe zu stellen, denn dieses Muster ist einfach so schön, dass es schwer fällt, zu glauben, die Natur sei ihm nicht gefolgt. Leser und Leserinnen, die sich für diese Aufgabe interessieren, sei der Anhang zur weiteren Lektüre empfohlen. In Anhang I zeige ich, inwiefern die Struktur des Mandalas geeignet ist, die Lichtgeschwindigkeit c, die innerhalb der modernen Physik bisher als Fundamentalkonstante vorausgesetzt wird, *ableiten* – also in einem umfassenderen und tieferen Sinne erklären zu können.

Es ist unmittelbar einsichtig, dass sich unsere Möglichkeiten, das Universum zu bereisen, erheblich erweitern würden, wenn die Lichtgeschwindigkeit nicht jene absolute Geschwindigkeitsbarriere wäre, für die wir sie heute noch halten. Sollte die raum-zeitliche Struktur unseres Universums tatsächlich wie ein Mandala organisiert sein, dann gibt es, wie eine nähere Betrachtung dieser Struktur zeigt, einen überlichtschnellen Weg zu den Sternen. Anhang II – *Durch den Gödel-Graben zu den Sternen* zeigt, wo das Tor zu den Sternen liegt und warum wir überlichtschnell zu den Sternen fliegen könnten, wenn es uns gelänge, dieses Tor zu öffnen.

Zum Schluss möchte ich noch einmal auf jenen tiefen weltanschaulichen Widerspruch zwischen der modernen Physik und dem Buddhismus zurückkommen, der am Beginn meiner Suche stand und der der Beantwortung der Frage galt: *Buddha versus Einstein – Wer irrt?*

Wenn unser Universum tatsächlich wie ein Mandala strukturiert wäre, dann wäre die Lichtgeschwindigkeit per se nicht *so* absolut, wie Einstein angenommen hat. Einstein hätte sich dann *wirklich* geirrt. Doch wie wahrscheinlich ist ein solcher Irrtum?

Obwohl die Spezielle Relativitätstheorie nach wie vor Zielscheibe der Kritik ist, so ist sie eine physikalisch derart erfolgreiche Theorie, dass sie in dem Ruf steht, über jeden Zweifel erhaben zu sein. Die Behauptung, sie sei falsch, kommt daher der Behauptung gleich, ein Perpetuum mobile konstruiert zu haben – und dies gilt innerhalb der modernen Physik schlicht als unmöglich.

Wie kann also etwas ein Irrtum sein, während es zugleich von einer großen Zahl von Physikern als unumstößlich wahr empfunden wird? Dieser Frage möchte ich in dem letzten Kapitel meines Buches nachgehen.

Geometria est archetypus pulchritudinis mundi.*

Johannes Kepler

Ist die Spezielle Relativitätstheorie unvollständig?

Mitte der siebziger Jahre ist ein junger Physiker namens *Fritjof Capra* mit einer ungewöhnlichen These an die Öffentlichkeit getreten: In seinem vielbeachteten Buch *Das Tao der Physik* behauptete er, die Theorien der modernen Physik führten zu einem Weltbild, dass mit den Anschauungen der östlichen Mystik vollkommen harmoniere. Am Ende seines Buches – im *Epilog* erklärte er: Für diejenigen, die diese Harmonie erfahren hätten, gäbe es keinen Zweifel an der Bedeutung solcher Parallelen zwischen der Weltanschauung der Physik und der der östlichen Mystik. Die interessante Frage sei nicht, *ob* es diese Parallelen gäbe, sondern *warum.*[69] Die Antwort auf diese Frage freilich blieb er schuldig. Durch die Physik des Mandala ist es uns möglich, eben diese Frage zu beantworten. Ob auch die Natur diese Antwort teilt, ist natürlich eine andere Frage – und zweifellos die wichtigere.

Betrachtet man die Spezielle Relativitätstheorie auf dem Hintergrund der Struktur des Mandalas, dann erkennt man, dass Einstein mit seiner Theorie bereits wesentliche Teile dieser Struktur erfasst hat, denn die »relativistische Struktur von Raum und Zeit« lässt sich, wie die nachfolgende Abbildung zeigt, *nahtlos* in diese Struktur einfügen.

* Die Geometrie ist das Urbild der Schönheit der Welt.

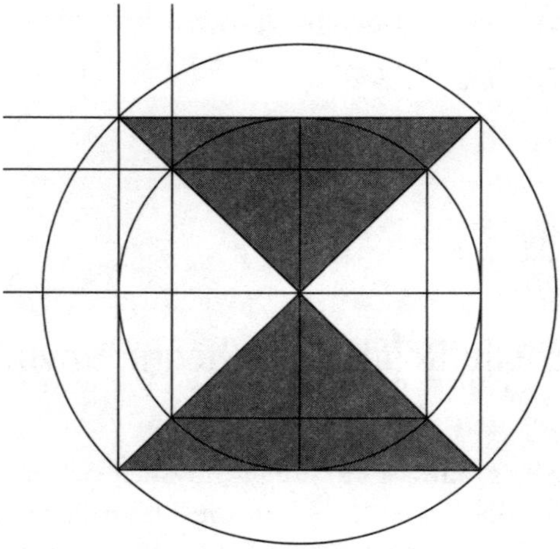

Diese bemerkenswerte Abbildungsgenauigkeit ist, wie ich behaupten möchte, nicht nur der Grund dafür, warum Physiker, wie Fritjof Capra, auffällige Parallelen zwischen der östlichen Mystik und der modernen Physik registriert haben, sie erklärt meines Erachtens auch, warum die Spezielle Relativitätstheorie bei den meisten Physikern das Gefühl auslöst, es mit einer zutiefst wahren Theorie zu tun zu haben.

Gleichwohl beinhaltet Einsteins Theorie, wenn man dieser Erklärungslinie folgt, *kein vollständiges und umfassendes Verständnis dieser archetypischen Struktur,* denn sie hat wesentliche Teile von ihr nicht erfasst. Sie stellt also mit Blick auf diese Struktur eine nur *unvollständige* Theorie dar. Physikalisch zeigt sich diese Unvollständigkeit in der Tatsache, dass sie *keinerlei* Aussagen über den Geschwindigkeitsbereich von c bis ∞ enthält – einen Bereich, auf den diese archetypische Struktur ausdrücklich Bezug nimmt. Und an genau dieser Unvollständigkeit setzt auch die Kritik der meisten zeitgenössischen Physiker an.

So warnte *David Bohm* davor, dass sich Physiker mit der Festlegung auf die Spezielle Relativitätstheorie in ihrer Denkungsart von vornherein zu sehr begrenzen würden.[70] Wenn es gelänge, zu einer tiefergehenden Auffassung über das Universum vorzudringen, würde man, wie er betonte, vielleicht entdecken, dass es etwas gibt, das schneller ist als das Licht, ohne dass es hierbei zwangsläufig zu logischen Widersprüchen kommen müsste.[71] Und Bohms Plädoyer für Überlichtgeschwindigkeiten stellt innerhalb der modernen Physik keineswegs eine Einzelstimme dar. Es gibt mittlerweile eine wachsende Schar von Physikern, die ähnliche Auffassungen vertreten. Unter diesen Physikern findet man auch so klangvolle Namen der modernen Physik, wie z. B. *John Bell.*

John Bell ist wohl einer der bekanntesten zeitgenössischen Physiker. Er ist bekannt durch die nach ihm benannte »Bellsche Ungleichung«, die der amerikanische Physiker Henry Stapp einmal als «die profundeste Entdeckung seit Kopernikus» bezeichnet hat.[72] Bell hat, wie bereits in Abschnitt I erwähnt, mit Hilfe einer ‚Ungleichung' zeigen können, dass es sich bei den spukhaften Fernwirkungen, wie sie bei gewissen stark korrelierten Quantensystemen auftreten, um *keine Unvollständigkeit* der ihnen zugrunde liegen Theorie – der Quantentheorie – handelt, so wie es Einstein behauptet hatte, sondern dass es sich bei ihnen offenbar um einen essentiellen Bestandteil der physikalischen Wirklichkeit handelt.

Diese tiefere Einsicht in das »nicht-lokale« Wesen der Wirklichkeit prägte allem Anschein nach auch Bell's Haltung der Speziellen Relativitätstheorie gegenüber. So äußerte er den Verdacht, dass die Lorentz-Transformationen das Universum vielleicht auf eine nur scheinbar korrekte Weise abbilden, während sich in Wahrheit eine tiefere Ebene dahinter verbirgt, die nicht »Lorentz-invariant« sei.[73]

Trotz dieser und ähnlicher Einschätzungen ist es bisher nicht gelungen, diesen Verdacht gegenüber der Speziellen Relativitätstheorie theoretisch und experimentell zu erhärten. Vielleicht eröffnet uns ein tieferes Verständnis der Struktur des Mandalas diese Option. Vielleicht zeigt uns diese Struktur, dass gar nicht die Quantentheorie unvollständig ist, wie Einstein ein Leben lang hartnäckig behaupten sollte, sondern dass in Wahrheit *seine* Spezielle Relativitätstheorie eine solche Unvollständigkeit aufweist.

Vielleicht gibt uns die Struktur des Mandala darüber hinaus die Möglichkeit, auch jenes Gefühl von Eigenartigkeit, dass Einsteins Theorie vermittelt, auszuräumen – und zu jener ultimativen Schönheit vorzudringen, die die Physiker im Herzen der Wirklichkeit schon immer vermutet haben.

Anhang I

Ist c ableitbar?

Fällt Pi wirklich vom Himmel?

John D. Barrow, Astrophysiker

(1)
„Die Naturkonstanten drücken ein tiefes Wissen über das Universum aus. Sie kennzeichnen unser Universum. Sie sagen aus, dass in anderen Regionen des Universums ähnliche Gesetze gelten wie in unserem Teil. … [Doch] gleichzeitig drücken die Naturkonstanten … aber auch unser Nichtwissen aus, denn wir wissen nicht, wie diese Werte fixiert werden. Zahlen einzuführen, die man nicht ableiten kann, sondern im Experiment bestimmen muss – das ist unbefriedigend. Die Naturwissenschaftler können sich mit dieser Situation nicht abfinden. Sind es heute noch nicht bekannte Naturgesetze, die diese Werte festlegen, oder sind die Werte zufällige Produkte des Urknalls? Wir wissen es nicht. Bislang hat niemand den Wert einer Naturkonstante erklären können. Es handelt sich um ein Mysterium der Naturwissenschaften, vielleicht das größte Mysterium auf der Welt überhaupt."[74]

So charakterisiert der Physiker *Harald Fritzsch* die Rolle von Naturkonstanten innerhalb der modernen Physik. Zu einer dieser mysteriösen Naturkonstanten zählt auch die Lichtgeschwindigkeit *c*. Wir wissen bis heute nicht, was es mit dieser Konstanten auf sich hat. Durch die Struktur des Mandalas könnte sich diese Situation vielleicht grundlegend ändern, denn sie bietet die Möglichkeit, diese Konstante *erklären* zu können.

(2)
Als *erklärbar* gelten Phänomene in der Regel dann, wenn man sie auf etwas »Umfassenderes« zurückführen kann. Ein Beispiel aus dem Alltag mag dies verdeutlichen: Wenn ich gefragt werde: „Wo liegt Hamburg?" Dann kann ich antworten: „In Deutschland." Wenn ich aber gefragt werde: „Wo liegt Deutschland?", dann reicht es nicht, zu antworten: „Deutschland liegt in Deutschland." Man benötigt also einen *umfassenderen geographischen Kontext (beispielsweise Europa),* um auf diese Frage *sinnvoll* antworten zu können.

In der modernen Physik liegt nun die Situation vor, dass mit der Lichtgeschwindigkeit *c* nicht nur eine fundamentale Konstante bezeichnet ist, sondern dass sie zugleich den *ultimativen Kontext* definiert, in dem *alle physikalischen Phänomene* zu erklären sind, denn nach Maßgabe der Speziellen Relativitätstheorie kann es *grundsätzlich* kein physikalisches Phänomen geben, das mit einer höheren Geschwindigkeit als der des Lichts operiert. Daher ist es innerhalb der modernen Physik auch prinzipiell unmöglich, auf die Frage nach dem eigentlichen Grund der Konstanz der Lichtgeschwindigkeit sinnvoll antworten zu können. Es ist zumindest dann unmöglich, wenn man dieses rätselhafte Phänomen in dem o.a. Sinne erklären, es also auf etwas anderes »Umfassenderes« zurückführen will. Und genau diesen umfassenderen Kontext scheint die Struktur des Mandalas zu liefern, denn sie basiert mit ihrem Faktor **1,414...** *c* (exakt: $\sqrt{2}\,c$) auf einem umfassenderen Kontext als dem Wert der Lichtgeschwindigkeit von **1,000...** *c*. Doch welcher Art könnte diese Erklärung sein? Die Antwort hierzu liegt, wie ich im Folgenden zeigen möchte, in dem Wurzelausdruck $\sqrt{2}$ begründet.

(3)
In dem Buch *Einstein* geht der Autor *Robert B. Dilts* am Beispiel von Einstein genialen Denkstrukturen auf den Grund. Im Rahmen dieses Buches liefert er eine schöne Analogie, in welchem spezifischen Sinne wir die Lichtgeschwindigkeit *c* als eine konstante Größe auffassen können. Diese Analogie liefert uns eine überraschende Erklärung für die Konstanz der Lichtgeschwindigkeit.

Doch hören wir zunächst Robert B. Dilts:

„Wenn man versucht, ein dreidimensionales Objekt wie ein Kugel von einem zweidimensionalen Bezugsrahmen wie beispielsweise einer Ebene aus zu messen, sieht man einen Kreis. Je nachdem, wie die Ebene die Kugel durchschneidet, sieht man unterschiedlich große Kreis. Wenn Sie Ihr ganzes Leben auf einer zweidimensionalen Ebene verbringen würden, würden Sie glauben, die Kugel sei nur ein kleiner Kreis. Wenn Sie die Bezugsebene häufig wechseln würden, würden Sie mit der Zeit merken, dass der Kreis größer und kleiner wird. Sie könnten dann denken, dass der Kreis sich im Hinblick auf ihre Position verändert. Sie müssten auf eine völlig andere Ebene überwechseln, um sich darüber klar zu werden, dass die Kugel stets gleich bleibt und dass Sie selbst sich in Hinblick auf die Kugel bewegen und einfach unterschiedliche Ansichten derselben sehen. Doch selbst von den zweidimensionalen Bezugsrahmen aus bleibt unabhängig vom Winkel oder Ort, an dem diese die Kugel durchschneiden, gleich, dass in jedem Fall eine Kreis entsteht."[75]

Und diesen Kreis könne man, wie Dilt weiter ausführt, mathematisch durch die bekannte Gleichung Umfang = 2π x Radius ($2\pi r$) definieren. »Pi« (π) wäre dann genau jene Konstante, welche die *Beziehung* definiert, die bestehen muss, damit der Kreis und die Kugel entstehen.

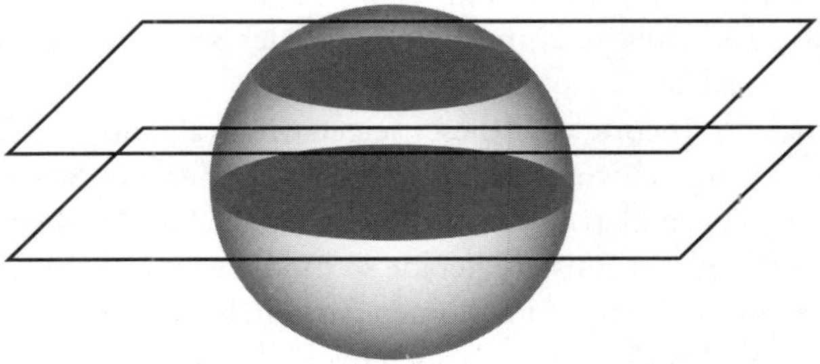

Auf analoge Weise könnten wir, so Dilt, auch die Lichtgeschwindigkeit als eine solche Konstante begreifen. Nur in diesem Falle ginge es um das Bemühen, eine vierdimensionale Kugel von einem dreidimensionalen Raum aus zu messen. Wir können zwar nicht die ganze Kugel sehen, aber die Lichtgeschwindigkeit c entspräche dem π im zweidimensionalen Bezugsrahmen. Die Lichtgeschwindigkeit sei *die entscheidende Beziehung,* die notwendig ist, damit die vierdimensionale Wirklichkeit entsteht, die wir wahrzunehmen versuchen. Dilt versteht dieses anschauliche Beispiel als *Analogie.* Doch möglicherweise ist es sehr viel mehr als dies.

(4)

Dass diese Analogie mehr sein könnte als bloß eine Analogie, dafür spricht der die Struktur des Mandala maßgeblich kennzeichnende Parameter »Wurzel aus Zwei« ($\sqrt{2}$), denn dieser mathematische Ausdruck ist auch wesentliche Größe eines uns bekannten formbildenden Schemas der Zahl π ist. Nachfolgend ist dieses Schema zu sehen:

Schaut man sich dieses formbildende Schema von π näher an, so wie erstmalig von dem Mathematiker Francois Vieta 1593 formuliert worden ist, dann kommt unvermeidlich der Verdacht auf, dass die Konstante *c, wenn man sie aus der Perspektive der Struktur des Mandalas betrachtet,* womöglich nichts anderes ist als das *physikalische Pendant* zu eben diesem mathematischen Ausdruck von π.[76]

$$\pi = \ldots 2 \cdot 2 \cdot 2 \cdot 2 \cdot 2 \cdot \sqrt{2 - \sqrt{2 + \sqrt{2 + \sqrt{2 + \sqrt{2 + \ldots}}}}}$$

Die Struktur des Mandala scheint als solches die Möglichkeit zu eröffnen, die Konstanz der Lichtgeschwindigkeit *auf eine grundlegend andere Weise* erklären zu können als dies in der Speziellen Relativitätstheorie der Fall ist.

In Einsteins Theorie wird dieses »eigenartige« Phänomen der Konstanz der Lichtgeschwindigkeit durch die »eigenartige« Struktur von Raum und Zeit erklärt.[77] Doch der Umstand, dass die Begriffe von Raum und Zeit von Einstein gerade so modifiziert worden sind, *dass* sie zu diesem eigenartigen Phänomen passten, hat bei vielen Theoretikern – sowohl bei Physikern als auch bei Philosophen – den Verdacht aufkommen lassen, dass es sich bei der Speziellen Relativitätstheorie noch um keine *endgültige* Theorie über die Natur von Raum und Zeit handele.

(5)

Obwohl noch vollkommen unklar ist, wie wir die Begriffe von Raum und Zeit im Rahmen einer Physik des Mandalas zu verstehen haben, so ist der Gedanke jedoch außerordentlich reizvoll, sich vorzustellen, dass wir mit ihrer Hilfe vielleicht das erste Mal in der Geschichte der Physik die Möglichkeit haben, einen Blick hinter die Kulissen einer Naturkonstanten werfen zu können.[78]

Wie der französische Physiker Etienne Klein in seinem „Gespräch mit der Sphinx" erklärt, sei die Naturwissenschaft keine sehr einfache, direkte und spontane Lektüre der Welt. Die Erkenntnis der Natur sei uns nicht fertig mitgegeben. Sie erfordere vielmehr Vermittlung: Denken hieße nicht Begreifen, Betrachten nicht Sehen und Sehen nicht Einsehen. Vieles entzöge sich unserem Blick. Statt sich nackt zu zeigen, verhülle das Universum seine Gesetze, Eigenarten, Räderwerke hinter großen Sichtblenden.[79]

Wenn wir die Naturkonstante *c* betrachten, dann erweist sie sich im wahrsten Sinne des Wortes als eine solche »große Sichtblende«: Allem Anschein nach verhüllt sie vollständig den Blick auf die dahinterliegende Struktur.

Spezielle Relativitätstheorie
(*c* als absolute Größe)

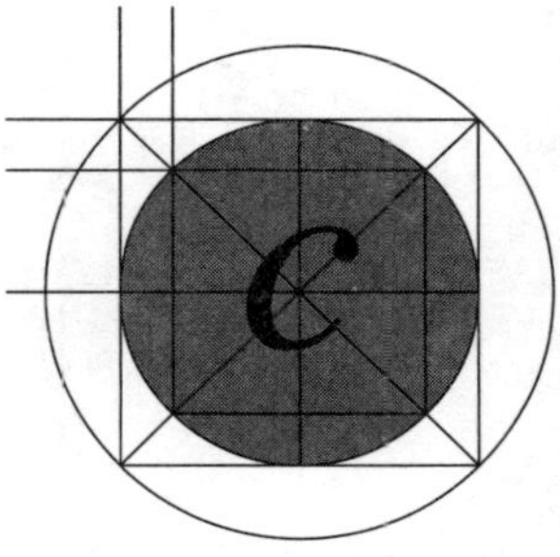

Physik des Mandala
(*c* als relative Größe)

Natürlich wissen wir über diese verborgene Struktur noch viel zu wenig. Wir können nicht einmal sicher sein, ob sie wirklich eine *physikalische* Bedeutung hat. Sollte sie aber eine physikalische Bedeutung haben, dann wird sie unsere Auffassungen über Raum und Zeit zweifellos radikal verändern – und vielleicht sogar sehr viel radikaler als dies bei der Speziellen Relativitätstheorie der Fall war.

Es deutet – von ihrem Aufbau her – einiges daraufhin, dass sie uns einem tieferen physikalischen Verständnis jenes magischen, quecksilbrigen Augenblickes näher bringt, in dessen Zentrum wir uns stets bewegen, der aber bisher in keiner Gleichung der modernen Physik seinen angemessenen Ausdruck gefunden hat: *Der Gegenwart.*

Die dynamischen Gleichungen der fundamentalen Physik beschreiben zwar, wie sich Objekte und Systeme mit einem zeitlichen Parameter t verändern, aber sie enthalten keinen identifizierbaren

Bezug zum gegenwärtigen Moment. »Jetzt« ist kein Bestandteil unserer gegenwärtigen naturwissenschaftlichen Beschreibung der Welt – und das, obwohl er eine zentrale Achse unserer existenziellen Erfahrung der Welt ist, denn wir können weder in die Vergangenheit noch in die Zukunft reisen.[80] Unser gesamtes Schicksal entscheidet sich immer nur in der Gegenwart – und nirgendwo sonst.

Durch die Struktur des Mandalas haben wir, wie ich überzeugt bin, die Möglichkeit, das Wesen der Gegenwart auf eine sehr viel umfassendere Weise zu verstehen – und dies nicht nur in physikalischer Hinsicht.

Anhang II

Durch den Gödelgraben zu den Sternen

(1)
In der Regel sind wir davon überzeugt, dass spirituelles Wissen nur von *existenzieller* Bedeutung ist: Es zeigt uns, wie wir am besten zu denken und zu handeln haben, um in Harmonie mit dem Universum und allem, was darin ist, leben zu können. Dass spirituelles Wissen auch *technologische Folgen* haben könnte, ist nicht das, was wir typischerweise erwarten. Doch die Struktur des Mandalas scheint genau solche Folgen in sich zu bergen. Sie beinhaltet nämlich die Möglichkeit, mit Überlichtgeschwindigkeit zu den Sternen reisen zu können. Diese Möglichkeit mag noch pure Science Fiction sein, doch moderne Physiker sind gerade auf diesem Gebiet mehr denn je an neuen Ideen interessiert – und seien sie auch heute noch phantastisch.

(2)
Wenn die *USS Voyager* ihren Warp-Antrieb aktiviert und sich mit Warp 9,9 durch den interstellaren Raum bewegt, beträgt ihre Reisegeschwindigkeit das 3fache der Lichtgeschwindigkeit. Obwohl die Idee des Warp-Antriebs ihren Ursprung in der Science Fiction Szene hat, wird sie heute ernsthaft von Physikern auf ihre Realisation hin untersucht.

Der Warp-Antrieb ist eine der zentralen Ideen der TV-Serie *Star Trek*. Der Warp-Antrieb (von Englisch „to warp“: verzerren, krümmen) beruht auf der Erzeugung einer sogen. Warp-Blase. Durch diese Blase wird der Normalraum so deformiert, dass eine kosmische Abkürzung entsteht. Hierzu wird der Raum in der Blasenwand vor dem Raumschiff gestaucht und hinter ihm gedehnt, während er außerhalb und innerhalb der Blase unangetastet bleibt. Durch diesen Vorgang ist es dann möglich, Überlichtgeschwindigkeiten zu erreichen.

Obwohl es sich um eine pure Science Fiction Idee handelt, haben Physiker damit begonnen, sich ernsthaft mit den ihr zugrundeliegenden physikalischen Konzepten auseinander zu setzen. Diese Auseinandersetzung hat mittlerweile Eingang in renommierte Physik-Fachzeitschriften gefunden.

Einer der Vorreiter derartiger Studien ist der mexikanische Physiker *Miguel Alcubierre*. Er konnte bereits 1994 zeigen, dass es Lösungen der Allgemeinen Relativitätstheorie gibt, die das Funktionsprinzip eines Warp-Antriebs beschreiben können.

Noch genauere Untersuchungen sollten allerdings zeigen, dass der Warp-Antrieb vermutlich technologisch nicht umsetzbar ist, da zur Erzeugung einer Warp-Blase exotische Materie *mit negativer Masse* notwendig ist, also Masse, die keine anziehende, sondern eine abstoßende Gravitationswirkung hat. Doch niemand weiß, ob es so etwas im Universum überhaupt gibt oder wie man ausreichende Mengen davon herstellen könnte. Und die Untersuchungen erbrachten weitere technologische Hindernisse. Um eine Warp-Blase längere Zeit stabil zu halten, bräuchte man, wie andere Physiker herausfanden, zehn Milliarden Mal mehr Energie, als in der gesamten sichtbaren Masse des Universums enthalten ist. Und dies ist nur eine von vielen Herausforderungen, die der Warp-Antrieb unserem Traum, zu den Sternen fliegen zu wollen, entgegenstellt.

Auch andere Reisewege zu den Sternen erwiesen sich bislang als wenig aussichtsreich. Lange Zeit galten Wurmlöcher als vielversprechende Möglichkeit, um weit entfernt liegende Regionen unseres Universums erreichen zu können. Doch auch diese Variante ist von Physikern im Detail studiert worden und was sie herausfanden, war nicht minder ernüchternd. So bedürfte es riesiger Mengen an negativer Energie, um solche auch als »Einstein-Rosen-Brücken« bezeichneten Passagen offen und befahrbar zu halten.

Um beispielsweise den Schlund eines Wurmlochs mit nur einem Meter Radius zu stabilisieren, bräuchte man ein negatives Energieband, das nur 10^{-21} Meter dick sein darf, was ein Millionstel des Durchmessers eines Protons ist. Um dieses Band zu erzeugen, wäre jedoch so viel Energie nötig, wie zehn Milliarden Sterne in einem Jahr erzeugen.

Eine anderes, ebenso beliebtes Science-Fiction-Konzept ist die gemutmaßte Existenz von Tachyonen.

(3)
Im Gegensatz zum Warp-Antrieb haben Tachyonen ihren Ursprung in der Physik. 1962 formulierten die Physiker Bilaniuk, Deshpande und Sudarshan die Hypothese, dass es Partikel geben könnte, die sich ab dem Augenblick ihrer Entstehung überlichtschnell bewegen. Ein Jahr später taufte der US-Physiker Gerald Feinberg diese Partikel als »Tachyonen« (von griechisch „tachys" = schnell).

Tachyonen galten einige Zeit lang als *der* Schlüssel, um die Spezielle Relativitätstheorie um ein überlichtschnelles Geschwindigkeitsfeld erweitern zu können, denn sie waren trotz ihrer z.T. bizarren Eigenschaften mit den Gleichungen Einsteins *vereinbar.*[81] Doch mittlerweile hat diese Hypothese erheblich an Gewicht verloren, weil Tachyonen bis heute experimentell nicht nachgewiesen werden konnten.

Bereits 1934 hatte der russische Physiker Pawel Alexjewitsch Tscherenkow entdeckt, dass überlichtschnelle Teilchen beim Durchqueren transparenter Stoffe, wie z. B. Wasser, eine spezifische Strahlung aussenden müssten – ein bläuliches Leuchten. Dieses als Tscherenkow-Strahlung bezeichnete Leuchten konnte jedoch – trotz intensiver Suche – bis heute nicht nachgewiesen werden.

Auch was unseren Traum anbelangt, zu den Sternen fliegen zu wollen, erwiesen sie Tachyonen als Sackgasse, denn die Lichtgeschwindigkeit bliebe eine für uns weiterhin unüberwindliche Barriere. Es gäbe in diesem erweiterten Bild von der Speziellen Relativitätstheorie keinen Weg, wie wir von der einen Seite der Barriere auf die andere Seite gelangen könnten. Das Reich gewöhnlicher Dinge und das Reich der Tachyonen erwiesen sich als zwei getrennte Bereiche des Universums. Wie die nachfolgende Grafik zeigt, wäre die Welt jenseits der Lichtgeschwindigkeit – das Reich der Tachyonen – zwar ein Reich voller Verheißung, denn es würde Geschwindigkeiten in Aussicht stellen, die gegen Unendlich gingen.

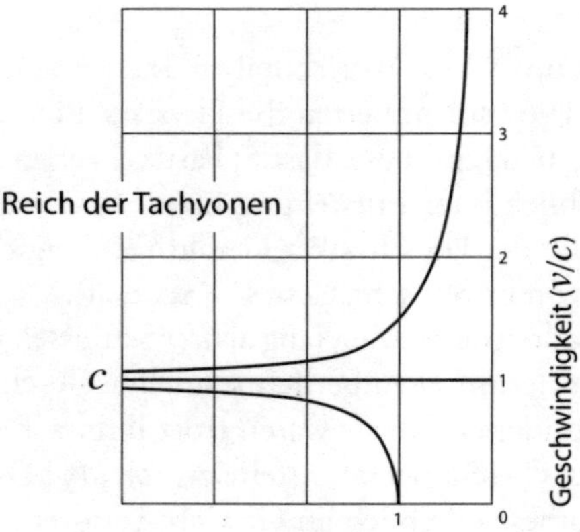

Doch dieses Reich wäre technologisch unerreichbar für uns. Welche Energie und welche Zeit wir auch immer aufbringen würden, kein Sternenschiff wäre jemals in der Lage gewesen, über diese Grenze hinauszugehen, denn bevor dies geschähe, wäre seine Masse infolge der relativistischen Massenzunahme ins Unermessliche gewachsen und so all unsere Bemühungen von vornherein vereitelt.

Die Struktur des Mandala beinhaltet eine ganz andere Option: Sie zeigt, dass es zwischen diesen beiden Bereichen eine »Verbindung« gibt, und zwar bei einer Geschwindigkeit, die wesentlich kleiner als die des Lichts ist, und zwar exakt am Gödelpunkt: bei ungefähr 70 Prozent der Lichtgeschwindigkeit.

(4)
Da das überlichtschnelle Geschwindigkeitssegment der Struktur des Mandalas *weitestgehend* in den relativistischen Rahmen eingebunden war, gab es natürlich berechtigte Zweifel, ob diese Überlichtgeschwindigkeiten überhaupt in irgendeiner Weise nutzbar waren. Es war also keineswegs sicher, dass diese Struktur auch die Möglichkeit bot, zu den Sternen fliegen zu können. Erst die »Dirac-Gleichung« hat mich für diese Möglichkeit sensibilisiert.

Die Dirac-Gleichung hängt auf das engste mit der Geschichte des Elektrons zusammen. Das Elektron ist das uns vielleicht vertrauteste Elementarteilchen. Es wurde schon 1897 identifiziert, da es sich sehr leicht aus seinen Bindungen an den Atomkern herauslösen ließ.

Die elektronische Technik ist Folge der Herrschaft des Menschen über das Elektron. Die erste Nutzung von Elektrizität, also von Elektronen in Bewegung, sind die Glühbirne und die Elektromotoren. Dieser Nutzung liegt die Verschiebung großer Mengen von Elektronen zugrunde. Verfeinerte Anwendungen waren später die Transistoren. Der Mensch hat gelernt, mit immer kleineren Mengen von Elektronen erfolgreich umzugehen.

Die moderne Theorie des Elektrons beruht zu einem nicht unerheblichen Teil auf den theoretischen Studien des Physikers *Paul Dirac*. Paul Dirac ist neben Werner Heisenberg, Niels Bohr, Wolfgang Pauli und Max Born einer der maßgeblichen Architekten der Quantentheorie.

Da das Elektron, wie die Physiker feststellten, in seinen Bewegungen um den Kern erhebliche Geschwindigkeiten erreichte, war es notwendig, bei der Beschreibung seines Verhaltens auch relativistische Effekte, so wie sie von der Speziellen Relativitätstheorie vorhergesagt worden waren, zu berücksichtigen. Obwohl die Quantentheorie und die Relativitätstheorie, für sich genommen, jeweils richtig waren, so erwies es sich aber als sehr schwierig, beiden Theorien miteinander zu verbinden – und so eine Quantentheorie zu entwickeln, die auch dem Prinzip der Relativität genügte.

Dirac leistete einen wesentlichen Beitrag zur Entwicklung einer solchen Theorie. Sie ist uns heute als *Quantenelektrodynamik* bekannt. Er konzentrierte sich hierbei vor allem auf das Elektron. Er versuchte, für das Verhalten des Elektrons eine mathematische Beschreibung zu finden, die mit Einsteins Theorie vereinbar war. Dirac gelang es schließlich, mathematisch eine nach ihm benannte Gleichung abzuleiten: Die *Dirac-Gleichung*.

Diese Gleichung war sehr leistungsfähig, denn sie sagte die Eigenschaften von Elektronen bei ihrer Bewegung in elektrischen und magnetischen Feldern sehr genau voraus – und zwar so genau, dass sie mit den beobachteten Eigenschaften des Elektrons sehr gut übereinstimmte. Die Physiker waren deshalb davon überzeugt, dass diese Gleichung stimmte.

Doch diese Gleichung hielt für die Physiker eine besondere Überraschung bereit, denn sie hatte in realiter *zwei* Lösungen.[82] Die eine Lösung beschrieb das Verhalten des bereits bekannten Elektrons, während die andere Lösung ein Teilchen mit positiver, also der Ladung des Elektrons genau entgegengesetzter elektrischer Ladung beschrieb.

Doch die Existenz eines solchen Teilchens war bis dahin noch nie beobachtet worden.

Obwohl Dirac an der Gültigkeit seiner Gleichung keinerlei Zweifel hatte, so hielt er das dieser zweiten Lösung entsprechende Teilchen anfänglich für das Proton, da es damals das einzige bekannte Teilchen mit positiver Ladung war. Später stellte sich dann jedoch heraus, dass das in Diracs Gleichung vorausgesagte neue Teilchen genau dieselbe Masse wie das Elektron aufweisen musste und deshalb nicht das Proton sein konnte, denn dessen Masse war fast zweitausendmal so groß wie die des Elektrons. Diracs Gleichung sagte also eine *neue* Elektronenart voraus: Das Antielektron oder Positron, wie es heute genannt wird.

Dieses Teilchen konnte schließlich 1932, vier Jahre nach Veröffentlichung der Dirac-Gleichung, von dem Physiker Carl Anderson in der kosmischen Strahlung nachgewiesen werden.[83]

Es zeigte sich nun, dass es im Rahmen der »Physik des Mandalas« neben der auf das konventionelle Raum-Zeit-Kontinuum bezugnehmenden Lösung auch eine solche *zweite* Lösung gab; eine Lösung, die in den Hyperraum führte und tatsächlich überlichtschnelle Geschwindigkeiten in Aussicht stellte.

Diese zweite Lösung wird am ehesten erkennbar, wenn man die Struktur des Mandalas gewissermaßen aus der zweidimensionalen Ebene aufrichtet. Sie zeigt dann in der »Tiefe« zwei Geschwindigkeitskorridore – einen, der unmittelbar in die »Gödel-Zone« führt, und einen, der in eine orthogonal dagegen versetzte Zone einmündet. Eben diesen zweiten Korridor, den ich als »Gödel-Graben« bezeichne, liegt im Hyperraum. Die Route entlang dieses ‚Grabens', die ***Kotangensfunktion,*** beinhaltet, wie ich noch deutlich machen werde, Geschwindigkeiten weit jenseits denen des Lichts. Wie man der nachfolgenden Grafik unmittelbar entnehmen kann, liegt der »Ort«, an dem sich diese beiden Geschwindigkeitskorridore unmittelbar berühren, exakt am Gödel-Punkt – also bei der Geschwindigkeit von ~ 70, 7 % der Lichtgeschwindigkeit. Dieser Geschwindigkeitspunkt ist meiner Einschätzung zufolge das ***einzige*** Tor, dass uns die Möglichkeit bietet, zu den Sternen fliegen zu können, denn nur an diesem Punkt scheinen sich der Normalraum und der Hyperraum zu berühren.

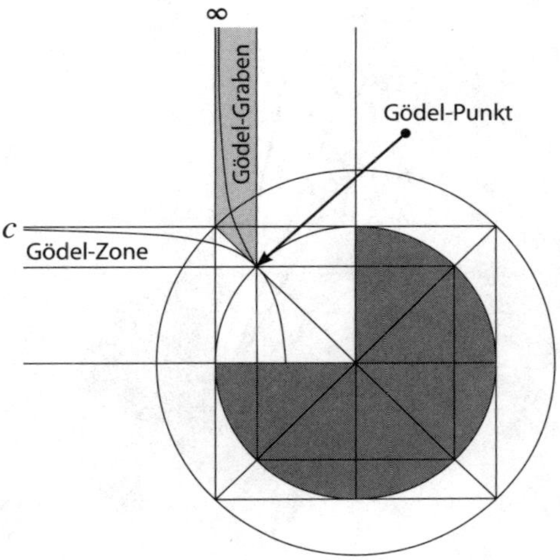

Wie man sieht, liegt dieses Tor gerade an jenem kritischen Punkt, an dem der relativistische Effekt der Massenzunahme exponentiell anzuwachsen beginnt. Dies könnte sich als eine wesentliche physikalische Bedingung erweisen, um tatsächlich zu den Sternen fliegen zu können. Läge die Eintrittsgeschwindigkeit in den Hyperraum bei einem wesentlich höheren Wert, dann müsste auch der Antrieb wesentlich leistungsstärker sein. Bei einer Geschwindigkeit von 99,5 Prozent der Lichtgeschwindigkeit beispielsweise wäre die Masse des Sternenschiffes schon um den Faktor 10 größer. An diesem technisch unbequemen Effekt würde auch eine Physik des Mandalas nicht wesentlich etwas ändern.

Nehmen wir an, wir wären in der Lage, 70 Prozent der Lichtgeschwindigkeit zu erreichen – und wir hätten auch einen Weg gefunden, vom Normalraum in den Hyperraum zu wechseln, mit welchen Geschwindigkeiten könnten wir im Gödel-Graben rechnen?

Tatsächlich sind es *sämtliche Überlichtgeschwindigkeiten* – mit Ausnahme des Wertes Unendlich.

All diese Überlichtgeschwindigkeiten ergeben sich dadurch, weil dem oberen, im Gödel-Graben liegenden Funktionsast Kegel entsprechen, *deren Winkel durchgängig größer als 45 Grad sind.* Daher übersteigen alle Werte dieses ‚Astes' den Wert der Lichtgeschwindigkeit. In der nachfolgenden Grafik ist dieser Zusammenhang an zwei Beispielen verdeutlicht.

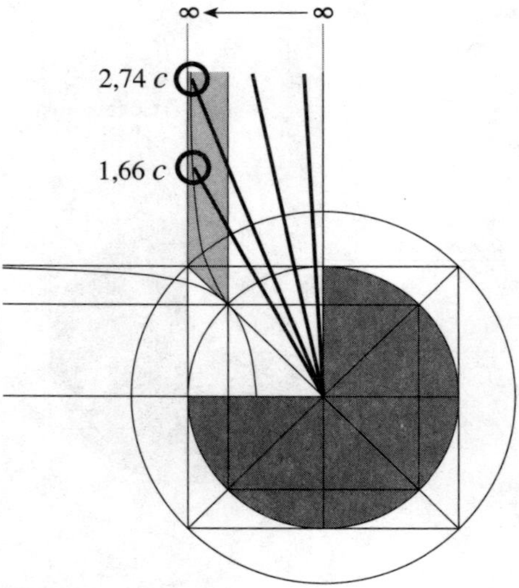

Den von den Kreisen markierten Punkten der Kotangens-Funktion entsprechen Ereigniskegel mit einem Winkel von 62 Grad und 70 Grad. In der relativistischen Sprache korrespondieren diese beiden Winkelwerte mit den beiden Geschwindigkeiten von 1,88 c und 2,74 *c*.

Wie aus diesem Zusammenhang ersichtlich ist, gilt: Je tiefer man in den Gödel-Graben vordringt, umso mehr nähern sich die Werte der Kotangens-Funktion dem Geschwindigkeitswert Unendlich an, ohne ihn freilich je erreichen zu können.

Doch so hoffnungsfroh diese Möglichkeit sein mag, sie zeigt, dass in auch in einer neuen, über die Speziellen Relativitätstheorie hinausgehenden Sicht des Universums die Möglichkeit, zu den Sternen reisen zu können, *sehr anspruchsvoll bleibt.* Wenn wir dieses Tor nicht erreichen, dann bleibt auch der Weg zu den Sternen weiterhin für uns verschlossen, selbst wenn es uns gelänge, es – im Rahmen von Laborexperimenten – zu öffnen. Erst wenn wir in der Lage sind, Raumschiffe zu bauen, die 70 % der Lichtgeschwindigkeit erreichen können, können wir auch davon träumen, zu den Sternen zu reisen. Doch 70 % der Lichtgeschwindigkeit sind sehr viel. Bis heute gibt es kein Antriebsverfahren, dass diese Geschwindigkeit auch nur annähernd zu erreichen vermag.

Carl Sagan hat auf der Grundlage, mit der sich die Geschwindigkeit menschlicher Transportmittel in den letzten Jahrzehnten entwickelt hat, Extrapolationen darüber angestellt, wann wir aller Voraussicht nach in der Lage sein werden, mit solchen, dem Licht nahekommenden Geschwindigkeiten zu reisen. Sein günstigstes Szenario datiert das Erreichen solcher Geschwindigkeiten auf das Jahr 2040. Sein ungünstigstes – und wie ich behaupten möchte, das wahrscheinlichste – Szenario hingegen spricht von dem Jahr 2670.[84] Das sind fast sieben Jahrhunderte in der Zukunft. Wir können uns also nicht einfach in ein Raumschiff setzen und in Richtung Alpha Centauri losfliegen.

Trotz der vergleichsweise hohen Einstiegsgeschwindigkeit von 70 Prozent der Lichtgeschwindigkeit könnte sich die Physik des Mandalas, verglichen mit allen anderen gegenwärtig diskutierten Optionen, dennoch als die vielleicht realistischste Möglichkeit erweisen, um unseren Traum vom Flug zu den Sternen Wirklichkeit werden zu lassen. Da sie auf einer äußerst eleganten Struktur beruht, liegt die Vermutung auf der Hand, dass sie uns einen ebenso eleganten Weg zu den Sternen bescheren könnte.

Anmerkungen

1 Enz, C.P.; *Wolfgang Pauli,* Das Gewissen der Physik, S. 9

2 Pauli, Wolfgang, *Der Einfluß archetypischer Vorstellungen auf die Bildung naturwissenschaftlicher Theorien bei Kepler* in: Enz, CP. & v. Meyenn (Hrsg.), *Wolfgang Pauli – Das Gewissen der Physik,* Braunschweig 1988

3 Fischer, Ernst Peter, *An den Grenzen des Denkens,* Wolfgang Pauli – Ein Nobelpreisträger über die Nachtseiten der Wissenschaft, Freiburg i. Brsg. 2000, S. 117

4 Nydahl, Ole, *Wie die Dinge sind,* Knaur Verlag 2004. Autobiografie: *Die Buddhas vom Dach der Welt. Mein Weg zu den Lamas. 1995*

5 Dalai Lama in: *Ein Interview mit dem Dalai Lama,* J. F. Avedon, München 1982, S.65

6 Fölsing, Albrecht, *Albert Einstein* – Eine Biographie, Frankfurt a. Main, [2]1993, S. 180

7 Lorentz, Hendrik, Antoon, *Das Relativitätsprinzip,* Stuttgart 1982, S. 10

8 Obwohl dieses Experiment von Albert Einstein in seiner Abhandlung zur Speziellen Relativitätstheorie nur angedeutet wird, so ist es heute von zentraler Bedeutung für seine Theorie. Es zeigt, dass sich das Licht von der Quelle aus betrachtet in alle Richtungen gleich schnell mit der konstanten Geschwindigkeit von c ausbreitet, egal ob sich die Quelle bewegt oder nicht. Ende des 19. Jahrhunderts war dieses Ergebnis, wie bereits im Text angesprochen, etwas völlig Unerwartetes. Man erwartete, entsprechend der Äthertheorie, dass das Licht eine jeweils höhere oder geringere Geschwindigkeit hatte, je nachdem, wie sich die Lichtquelle durch das »Äthermeer« bewegte. Um diese gemutmaßte Geschwindigkeitsdifferenz zu messen, bot es sich an, die Erdbewegung zu nutzen, denn diese bewegte sich mit immerhin 30 km/sec durch den Äther, und zwar je nach Jahreszeit in verschiedene Richtungen. 30 km/sec mochte, was irdische Verhältnisse anbelangte, eine sehr hohe Geschwindigkeit sein, doch im Vergleich zur Geschwindigkeit des Lichts war sie immer noch sehr gering. Die Physiker brauchten infolgedessen ein äußerst empfindliches Instrument, wenn sie mit Hilfe von Lichtstrahlen die Erdbewegung nachweisen wollten. Und so entwickelten sie das *Interferometer:* Es handelt sich um eine erschütterungsfreie, drehbare Anordnung von Spiegeln und Strahlern. Um die Geschwindigkeit des Lichts in zwei verschiedenen Richtungen messen zu können, einmal in Bewegungsrichtung und einmal senkrecht dazu, wird ein Lichtstrahl durch einen Spiegel in zwei senkrecht zueinander verlaufende Teilstrahlen gleicher

Intensität gespalten. Diese beiden Teilchenstrahlen werden schließlich nach Durchlaufen einer bekannten Messstrecke wieder zusammengeführt und auf einen Schirm gelenkt. Anhand des auf dem Schirm sichtbaren Wellenmusters kann am Ende gemessen werden, ob die Geschwindigkeit der beiden Lichtstrahlen verschieden ist oder nicht. Zum besseren Verständnis hat der Physiker *Felix Paturi* folgendes Beispiel vorgeschlagen: Trennt man eine Wasserwelle durch ein längs in den Wellengang gestelltes langes Brett, läuft ein Teil der Welt rechts, der andere links an dem Brett entlang. Wo das Brett aufhört, vereinigen sich beide Wellenzüge wieder zu einem einzigen, wobei die Wellenberge und Wellentäler des linken Wellenzuges wieder genau zu denen des rechten passen. Leitet man aber einen der beiden Wellenzüge vor der Wiedervereinigung durch einen Bogen, legt er eine größere Strecke zurück als der andere. Dieser Umweg kostet Zeit, und deshalb sind die beiden Wellenzüge bei ihrer Wiedervereinigung gegeneinander versetzt. Im Extremfall kann das Wellental des einen Zuges mit dem Wellenrücken des anderen zusammenfallen. Solche Wellenüberlagerungen nennt man Interferenzen. Da auch Licht eine Wellenerscheinung war und die beiden Lichtstrahlen infolge der Erdbewegung unterschiedlich lange Wege zurücklegen mussten, erwarteten die Physiker, speziell Michelson und Morley, auf dem Schirm solche Interferenzen beobachten zu können. Doch sie warteten, wie wir heute wissen, vergeblich. Die Geschwindigkeit der beiden Lichtstrahlen erwies sich trotz der Bewegung der Erde in beiden Richtungen als *dieselbe.* Obwohl das Michelson-Morley-Experiment von seiner ursprünglichen Intention her eigentlich gescheitert ist, zählt es heute zu den wichtigsten Experimenten der Wissenschaft. Es zeigt, dass die Lichtgeschwindigkeit wirklich eine universelle Konstante ist.

9 Herneck, Friedrich, *Einstein und sein Weltbild,* Berlin 1976, S. 322

10 Feynman, Richard P., *Physikalische Fingerübungen für Fortgeschrittene,* München 2006, S. 117. Dieser Text hat nur einen einzigen Gegenstand zum Inhalt – nämlich die *Relativitätstheorie;* im Gegensatz zu dem Vorläuferbuch „Sechs physikalische Fingerübungen“, das mehrere Felder der Physik umfasst – von der Mechanik über die Thermodynamik bis hin zur Atomphysik.

11 Bell, John in: *Der Geist im Atom,* Eine Diskussion der Geheimnisse der Quantenphysik, Hrsg. von P.C.W. Davies und J.R. Brown, Frankfurt a. Main 1993, S. 66

12 Einstein, Albert, *Über die Spezielle und die Allgemeine Relativitätstheorie;* Wiesbaden 1988, S. 26, 27. Es handelt sich um das berühmte »Mitführungsexperiment« von dem Physiker Armand Hippolyte Louis Fizeau, dass dieser 1851 erstmals durchgeführt wurde.

13 Zajonc, Arthur; *Die gemeinsame Geschichte von Licht und Bewusstsein,* Reinbek bei Hamburg 1994, S. 315

14 „Mit einer genialen geistigen Wendung verwandelte Einstein dieses Rätsel in ein Postulat! Anstatt sich Sorgen darüber zu machen, wie es zu dieser Konstanz kam, akzeptierte er sie einfach als eine in zahlreichen Experimenten nachgewiesene, unleugbar vorhandene Tatsache." Mit dieser Worten umschreibt Gary Zukav in seinem Buch *Die tanzenden Wu Li Meister,* Der östliche Pfad zum Verständnis der modernen Physik (Reinbek bei Hamburg 1981) diese Wendung; ebenda S. 161

15 Auf diese Weise schildert der Physiker Lewis C. Epstein Einsteins Vorgehensweise. Siehe auch: *Relativitätstheorie – anschaulich dargestellt,* 1985, S. 38

16 Epstein, Lewis C., Relativitätstheorie – anschaulich dargestellt, 1985, S. 39

17 Eine einfache Ableitung der Lorentz-Transformation liefert Einsteins eigenes Buch: *Über die Spezielle und die Allgemeine Relativitätstheorie.*

18 v. Weizsäcker, Carl Friedrich, *Das Problem der Zeit als philosophisches Problem,* in: *Ausgewählte Texte,* München 1987, S. 199, 200; bibliographische Notiz (S. 223): Das Problem der Zeit als philosophisches Problem erschien 1967 in Berlin innerhalb der Reihe »Erkenntnis und Glaube«, Schriften der Evangelischen Forschungsakademie Ilsenburg, Bd. 28

19 Resnick, Robert; *Einführung in die spezielle Relativitätstheorie,* Stuttgart 1976, S. 124

20 *Bertozzi, William, Speed and Kinetic Energy of Relativistic Electrons in: Am. J. Phys. 32, p. 553 (1964)*

21 Obwohl das Relativitätsprinzip noch nicht als ein universell gültiges Prinzip ausgesprochen worden war, so repräsentierte es aber innerhalb der Newtonschen Mechanik in Gestalt der sogenannten *Galilei-Transformationen* schon eine ‚mächtige Regel' (Carl Friedrich von Weizsäcker). Und diese Transformationsgruppe, die später durch die Lorentzgruppe abgelöst wurde, implizierte bereits eine »Relativität der Gleichortigkeit«, weil die räumliche Koinzidenz von Ereignissen zu verschiedenen Zeitpunkten *bezugssystemabhängig* war. Vgl. Kanitscheider, Bernulf, *Kosmologie,* Stuttgart 1984, S. 294

22 Und nicht ganz zu Unrecht. Die Spezielle Relativitätstheorie wirkt noch nicht wie eine *endgültige* Theorie über Raum und Zeit, sondern eher wie eine Theorie, in denen die Begriffe von Raum und Zeit den gegenwärtig bestehenden physikalischen Messmöglichkeiten angepasst wurden. Tatsächlich erlaubt diese Theorie, wenn man sie methodologisch streng fasst, daher auch nicht die Behauptung, eine absolute Zeit gäbe es prinzipiell nicht. In seinem Grundlagenwerk *Aufbau der Physik* hat Carl Friedrich

von Weizsäcker Einsteins Theorie, was ihren methodischen Gehalt anbelangt, in einer, wie er sich ausdrückt, falschen und einer richtigen Interpretation paraphrasiert: Gemeinsam ist der Ausgangspunkt: Die Wellentheorie des Lichts führt zum Postulat der Konstanz der Lichtgeschwindigkeit, der Michelson-Versuch zum Relativitätspostulat auch für das Licht (und damit für alle bekannten Naturphänomene); beide zusammen zur Lorentz-Invarianz der Naturgesetze. Nun geht es falsch weiter: »Also kann man absolute Gleichzeitigkeit entfernter Ereignisse nicht mit Uhren feststellen. Was man nicht feststellen kann, existiert nicht. Somit existiert die absolute Gleichzeitigkeit nicht.« Richtig ist: »Der Begriff der absoluten Gleichzeitigkeit ist nicht lorentzinvariant. *Wenn* alle Naturgesetze lorentzinvariant sind, *kann* es also keine absolute Gleichzeitigkeit geben. Unser Vorverständnis ist entsprechend zu korrigieren. Nun könnte jemand einwenden, absolute Gleichzeitigkeit lasse sich doch sogar messen. Demgegenüber zeigt sich die Konsistenz der Theorie darin, dass Uhren, die lorentzinvarianten Gesetzen genügen, auch nicht fähig sind, absolute Gleichzeitigkeit zu messen.« Logisch gewendet: »Was gemessen werden kann, existiert« wird als wahr vorausgesetzt. Die falsche Fassung benutzt die logisch nicht folgende Umkehrung »was nicht gemessen werden kann, existiert nicht«. Die richtige Fassung bestätigt nur die korrekte Kontraposition: »Was nicht existiert, kann auch nicht gemessen werden.«

Ebenda S. 263, 264

23 Es handelt sich *nicht* um eine maßstabsgerechte Darstellung. Die beiden bezeichneten Weltlinien wären, würde man sie geometrisch korrekt darstellen wollen, von der Grundlinie ($v = 0$) nahezu ununterscheidbar.

24 Es handelt sich natürlich um eine klassische Lehrbuchdarstellung. In diesem Fall ist sie dem Buch entlehnt: *Metzler Physik,* Stuttgart ²1988; ebenda S. 346

25 Heisenberg, Werner; *Prinzipielle Fragen der modernen Physik* in: *Ausgewählte Texte,* München 1987, S. 44

26 A.Einstein, N. Rosen, B. Podolsky; *Can Quantum-mechanical Description of Physical Reality Be Considered Complete?,* Physical Review 47, 777, (1935)

27 Nick Herbert, *Quantenrealität,* Basel 1987, S. 302, 33

28 Müller, Bernd; *Stürzt Einsteins Dogma? Können Informationen schneller als Licht übertragen werden?* in: bild der wissenschaft, 8/1997, S. 72, 73

29 ebenda S. 74

30 Es gibt einen Artikel in der Fachzeitschrift *Physik unserer Zeit,* in dem diese Überlegungen noch auf eine etwas fachspezifischere Weise dargestellt

werden. Er fasst die im Text dargelegten Überlegungen auf eine sehr prägnante Weise zusammen: Das erweiterte Standardmodell beschreibt Verletzungen der Speziellen Relativitätstheorie als Resteffekte einer Theorie der Quantengravitation. Da die Relativitätstheorie jedoch, wie die beiden Physiker betonen, innig in die heute akzeptierten physikalischen Gesetze hineingewoben sei, es verhältnismäßig schwierig, Abweichungen von ihr umfassend und konsistent zu beschreiben.

31 Nick, Herbert; *Quantenrealität,* 1987, S. 303

32 Er ist tatsächlich die einzige Person, die Albert Einstein in seiner Arbeit zur Speziellen Relativitätstheorie namentlich erwähnt. Ansonsten enthält Einsteins Arbeit keinerlei weitere Fußnoten.

33 Fölsing, Albrecht, *Albert Einstein* – Eine Biographie, Frankfurt a. Main, [2]1993, S. 179

34 „Ich verschwendete fast ein Jahr erfolgloser Überlegungen auf Modifikationen der Lorentzschen Idee und erkannte allmählich, dass dies nicht ein leicht zu lösendes Rätsel war … Meine Lösung bezog sich auf den Zeitbegriff. Die Zeit ist nicht absolut definiert, und es gibt keine unlösbare Verbindung zwischen der Zeit und der Signalgeschwindigkeit." Albert Einstein in seiner Kyoto-Ansprache vom Dezember 1922. cit. nach: *Abraham Pais, Raffiniert ist der Herrgott … ",* Wiesbaden 1986, S. 135

35 Hoffmann, Banesh; *Einsteins Ideen,* Das Relativitätsprinzip und seine historischen Wurzeln, Heidelberg 1992, S. 47, 48

36 In Wahrheit ist die Situation natürlich sehr viel verwickelter. So beinhaltete bereits die von Einstein formulierte These, die Lichtgeschwindigkeit sei eine fundamentale Naturkonstante, zu Beginn des 20. Jahrhunderts einen echten Quantensprung in der physikalischen Erkenntnis. Erst durch diese These war es möglich, über die physikalisch unbefriedigende Äthertheorie hinauszugehen. Da diese These, wie wir gesehen haben, nur um den Preis der Relativierung des Newtonschen Begriffes der absoluten Zeit zu haben war, forderte sie ein sehr mutiges, unkonventionelles Denken, denn die Newtonsche Mechanik galt 1905 noch als Fundamentaltheorie der Physik schlechthin. Unter diesen historisch vorgegebenen Erkenntnisbedingungen erweist sich die Spezielle Relativitätstheorie dann auch als ein riesiger Schritt nach vorn.

37 H. A. Lorentz in: Abraham Pais, *Raffiniert ist der Herrgott …,* Wiesbaden 1986, S. 165

38 In früheren Studien habe ich dieses Diagramm auch als »Diagramm des Absoluten« oder kurz als »A-Diagramm« bezeichnet, weil es formal durch den Geschwindigkeitswert Unendlich ($v = \infty$) gekennzeichnet war. Diesem Wert ließ sich begrifflich die metaphysische Eigenschaft

der *Allgegenwart* zuordnen – also eine Eigenschaft, wie sie für die Natur des Absoluten kennzeichnend ist. Natürlich ist auch der Geist in diesem Sinne absolut, denn er durchdringt das physikalische Universum in alle Richtungen.

Vgl. Hansen, Helmut, *Elementarmatrix 3.0* – Auf der Suche nach dem Einen ..., Hamburg 2000, S. 159

39 Calder, Nigel; *Einsteins Universum,* Frankfurt a. M. 1980, S. 143

40 Yourgrau, Palle; *Gödel, Einstein und die Folgen,* Vermächtnis einer ungewöhnlichen Freundschaft, München 2005, S. 14

41 Kurt Gödel in: *Albert Einstein als Philosoph und Naturforscher.* Eine Bemerkung über die Beziehungen zwischen der Relativitätstheorie und der idealistischen Philosophie, Braunschweig 1955, S. 410 unten.

42 In der Newtonschen Mechanik war auch der Geschwindigkeit $v = \infty$ ein prinzipiell zulässiger Wert.

43 Hansen, Helmut; *Das Tor zu den Sternen* in: Science Fiction Jahr 6, Ausgabe 1991, S. 616ff.

44 Als Niels Bohr 1916 sein neues Atommodell vorstellte, hatte es den Anschein, als ob es sich bei ihm lediglich um eine Ausweitung unserer Vorstellungen vom Makrokosmos handelte: Das Bohrsche Atommodell erschien zunächst wie eine Miniaturfassung unseres Sonnensystems – mit einem positiv geladenen Kern im Zentrum und den negativ geladenen Elektronen, die ihn umkreisten. Dennoch blieb bei dieser »klassischen« Version des Atommodells die Frage offen, wie ein geladenes Teilchen, eben das Elektron, auf einer stabilen Umlaufbahn bleiben konnte, denn nach der klassischen Theorie sollte eine sich bewegende Ladung ständig Energie (Licht) abstrahlen. Da sie dabei ständig Energie verlieren würde, würde sie sich spiralförmig auf den positiv geladenen Kern zu bewegen. Kurzum: Das Atom würde nach klassischem Physikverständnis in dem Bruchteil einer Sekunde kollabieren. In einem kühnen Schritt nahm Bohr einfach an, dass die Elektronen aus irgendeinem noch unbekannten Grund gezwungen seien, in diskreten, d. h. vorgeschriebenen, Bahnen den Kern zu umkreisen, ohne Energie (Licht) abzustrahlen. Dieser Schritt Bohr's wurde zu einem wichtigen Sprungbrett in der Entwicklung der Atomphysik. Mit Hilfe dieser eigentlich willkürlichen Annahme konnte er erfolgreich das »Energiespektrum« des Wasserstoffatoms berechnen. Das von ihm berechnete Energiespektrum zeichnet sich nun gerade dadurch aus, dass die Energieniveaus des Elektrons immer dichter beieinander liegen, um schließlich mit Erreichen der Ionisierungsenergie des Wasserstoffatoms von 13,6 eV in ein »Kontinuum« überzugehen.

45 Wie bereits angesprochen, spielt es letztlich keine Rolle, welche Klasse von Unterlichtgeschwindigkeiten man auswählt, das Ergebnis wäre in jedem Falle dasselbe. Wenn man sich bei der Berechnung der superluminalen Geschwindigkeitsäquivalente unmittelbar der relativistischen Funktion bedient, dann muss das Ergebnis zwangsläufig ein mit dieser Funktion mathematisch verträgliches Bild ergeben. Ein mit der Mathematik der Speziellen Relativitätstheorie vertrauter Physiker hätte sich vermutlich gar nicht erst auf dieses »triviale« Verfahren eingelassen.

46 Hansen, Helmut; *Das Tor zu den Sternen* in: Science Fiction Jahr 6, Ausgabe 1991, 616 ff.

47 Vgl. Weinberg, Steven; *Die ersten drei Minuten,* München 1977, S. 131-132. Aber auch: „Wenn ich an meinem Schreibtisch oder in einem Café sitze, spiele ich mit mathematischen Formeln und fühle mich wie Faust, der mit seinen Pentagrammen hantiert, bevor Mephisto auftritt." in: *Der Traum von der Einheit des Universums,* München 1992, S. 13

48 „Bei der Formulierung eines neuen Gesetzes kann man nicht an etwas Vollendetem einfach ein bißchen herumfuschen; man muß seinerseits etwas Vollkommenes schaffen." So die Erklärung des amerikanischen Physiker Richard Feynman (1918 – 1988). F. bezieht sich hierbei auf das Verhältnis von Newtonscher Gravitationstheorie und der Allgemeinen Relativitätstheorie. So stimmten Newtons Vorstellungen von Raum und Zeit mit den Experimenten sehr gut überein. Dennoch war, wie Feynman betont, eine enorme Änderung im Kern der Theorie erforderlich, um die wahrhaft winzige Korrektur der Merkurbahn anzubringen. Der Grund lag gerade in der Einfachheit und Vollkommenheit der Newtonschen Gesetze. Deswegen war nur etwas vergleichbar Vollendetes wie die Allgemeine Relativitätstheorie in der Lage, diese winzige Korrektur vorherzusagen – so der Tenor von Feynman's Erklärung.

Feynman, Richard P., *Vom Wesen physikalischer Gesetze,* München 1990, S. 206

49 Vaas, Rüdiger, *Tachyonen – schneller als das Licht,* in: bild der wissenschaft 2, 2003, S. 60

50 Bryce DeWitt cit. nach: Rainer Müller, *Zurück in die Zukunft,* bild der wissenschaft 8/1997, S. 75

51 Rucker, Rudy, *Die Wunderwelt der Vierten Dimension,* Ein Kursbuch für Reisen in die höhere Wirklichkeit, München 1994, S. 198

52 Rucker, Rudy, ebenda S. 198

53 Jung, Carl Gustav, *Mandala – Bilder aus dem Unbewussten,* Olten, 1977

[54] Atmanspacher, H., Primas, H., Wertenschlag (Hrsg), *Der Pauli-Jung-Dialog und seine Bedeutung für die moderne Wissenschaft,* Heidelberg 1995

[55] Holitzka, Klaus; Niemuth, Jochen; *Das Mandala als Grundstruktur des Univerums,* 1994, S. 8

[56] Dahlke, Rüdiger, *Mandalas der Welt,* München 1985, S. 27

[57] Kalu Rimpoche, *Das Wesen des Geistes,* Lugano 1984; es ist eine schönsten und klarsten Einführungen in die Natur des Geistes, die ich kenne.

[58] Epstein, Lewis C., ebenda S. 82

[59] Der Physiker Brian Greene führt diese Deutung sogar auf Albert Einstein zurück: „Einstein hat postuliert, dass alle Objekte im Universum sich *stets* mit unveränderlicher Geschwindigkeit durch die Raumzeit bewegen – und zwar mit Lichtgeschwindigkeit." In*: Das Elegante Universum,* Berlin 2000, S. 68. Leider hat Greene keine Quellenangabe gemacht. Es ist also nicht klar, ob diese Deutung lediglich mit dem Formalismus der Speziellen Relativitätstheorie verträglich ist, oder ob sie Einstein tatsächlich *in dieser expliziten Form* ausgesprochen hat. Mir ist auf jeden Fall keine entsprechende Textstelle in Einsteins Arbeiten aufgefallen. Das Buch des Physikers Lewis C. Epstein „Relativitätstheorie – anschaulich" dargestellt, in dem ich auf diese explizite Deutung erstmalig gestoßen bin, erweckt zumindest den Eindruck, als sei sie zuvor noch niemals in dieser expliziten Form ausgesprochen worden. Ebenda S. 101

[60] Epstein, Lewis C., ebenda S. 103, 104

[61] Epstein, Lewis C., ebenda S. 105

[62] Epstein, Lewis C., ebenda S. 107

[63] W. Kaufmann, *Göttingen Nach.* 2, 143 (1901)

[64] M.M. Rogers, A.W. McReynolds, F.T. Rogers, Phys. Rev. 57, 379 (1940)

[65] In diesem Experiment sind zwar die Geschwindigkeiten – und nicht die Massenwerte gemessen worden, aber kleinere Geschwindigkeiten beinhalten im Rahmen der Speziellen Relativitätstheorie notwendigerweise auch *kleinere* Massenwerte.

[66] Auffallend ist, dass *beide* Messungen diesem vorhergesagten Verlaufsmuster folgen. Es sei jedoch dahingestellt, ob es sich bei diesen Abweichungen um einen »symmetrischen Effekt« handelt, ob also die Abweichungen im unteren Geschwindigkeitsbereich (formal) identisch sind mit denen im oberen Geschwindigkeitsbereich (i.e. in der Gödel-Zone), denn der untere Geschwindigkeitsbereich erstreckt sich über einen größeren Bereich als der obere.

67 Obwohl noch keine ausgearbeitete Messvorschrift vorliegt, so könnte man dennoch entsprechende Experimente durchführen, um den vorausgesagten Funktionsverlauf experimentell zu überprüfen. Dieser Funktionsverlauf ist *charakteristisch* genug, um ein solches Experiment physikalisch rechtfertigen zu können. Experimente ohne Vorlage einer ausgearbeiteten Messvorschrift sind in der Physik zwar nicht die Regel, sie kommen aber vor. Sie werden überall dort durchgeführt, wo die Physiker noch über keine fertige, in sich abgeschlossene Theorie verfügen. Physiker hoffen dann noch unbestimmte Eigenschaften dieser Theorie mit Hilfe von Messungen bestimmen zu können. Ein klassisches Beispiel ist die gegenwärtige Suche nach dem *Higgs-Boson* – via Experiment. Dieses spezielle Elementarteilchen spielt eine zentrale Rolle in einem als Higgs-Feld bezeichneten universellen Feld, doch die Physiker wissen nicht, welche *genaue* Masse dieses Teilchen hat. Die bisher existierende Theorie erlaubt nur die Angabe eines spezifischen Massenspektrums. Sie hoffen daher, durch entsprechende Experimente herausfinden zu können, welche spezifische Masse dieses Teilchen hat.
vgl. CERN Courier, Vol. 44 No. 4 May 2005, p. 25

68 Kohl, Christian Thomas, *Buddhismus und Quantenphysik,* Die Wirklichkeitsbegriffe Nagarjunas und der Quantenphysik, 2005.

69 Capra, Fritjof, *Das Tao der Physik,* Bern – München – Wien, [4]1984, S. 303

70 ebenda S. 150

71 ebenda S. 155

72 Zeilinger, Anton; *Einsteins Schleier* – Die neue Welt der Quantenphysik, München [3]2005, S. 74

73 Bell, John, ebenda S. 65

74 Fritzsch, Harald, *Das absolut Unveränderliche,* Die letzten Rätsel der Physik, München 2005, S. 16

75 Dilts, Robert B., *Einstein,* Geniale Denkstrukturen und Neurolinguistisches Programmieren, Paderborn 1992, S. 50 f.

76 Um diesen Ausdruck in die Zahl π zu verwandeln, muss für jeden neuen Wurzelfaktor $\sqrt{2}$ – vorn in der Gleichung – ein Faktor 2 hinzugefügt werden, und dies unendlich oft. Eben dieser unendliche Ausdruck führt auf die Zahl π. Angesichts des Umstandes, dass bei dieser Herleitung der Zahl π eine *unendliche* Zahl von Schritten durchlaufen werden muss, um zur Lösung zu kommen, wäre es also nicht korrekt, von einer „Quadratur des Kreises“ zu sprechen. Die alten Griechen hatten an die Lösung dieses speziellen mathematischen Problems zwei restriktive Bedingungen geknüpft: Erstens durften zur Lösung nur Zirkel und Lineal verwendet

werden – und zweitens musste die Lösung in einer endlichen Zahl von Schritten erreicht werden. Nur wenn eine Lösung diese beiden einschränkenden Bedingungen erfüllt, kann man sinnvoll von einer »Quadratur des Kreises« sprechen. Spätestens seit Beginn des 20. Jahrhunderts gilt dieses Problem (in und mit diesen Einschränkungen) als mathematisch unlösbar.

Vgl. Blatner, David; *π – Magie einer Zahl,* Reinbek bei Hamburg 2000, S. 90 ff.

77 Orear, Jay, *Grundlagen der modernen Physik,* München 1971, S. 336

78 Ich vermute, dass spezielle Randbedingungen, und zwar sogen. Grenzbedingungen im Unendlichen, eine wesentliche Rolle spielen. Diese Grenzbedingungen habe ich in dem Buch „Von der Entdeckung Gottes am Rande des Universums", Petersberg 2005, thematisiert, allerdings ohne eine Beziehung zur Struktur des Mandalas herzustellen.

79 Klein, Etienne; *Gespräche mit der Sphinx,* Die Paradoxien in der Physik, Stuttgart 1993, S. 16

80 Polkinghorne, John; *Theologie und Naturwissenschaften,* Eine Einführung Gütersloh 2001, S. 67

81 Untersucht man die Gleichungen der Speziellen Relativitätstheorie, dann zeigt sich, dass sie die Existenz überlichtschneller Teilchen zulassen, und zwar dann, wenn deren Ruhemasse m imaginär ist. Eine imaginäre Masse ist weder positiv noch negativ, sondern etwas anderes. Mathematisch gesprochen würde weder der Ausdruck $m > 0$ noch der Ausdruck $m < 0$ gelten, sondern der Ausdruck: $m^2 < 0$.

82 Als ein einfaches Beispiel mag die algebraische Gleichung: $x^2 - 4 = 0$ gelten. Diese Gleichung hat zwei Lösungen, und zwar $x_1 = +2$ (ihre positive Lösung) und $x_2 = -2$ (ihre negative Lösung). Quadriert man diese beiden Lösungen, ihre positive wie ihre negative, dann führen sie beide auf denselben Wert 4.

83 Dieser Beitrag zur Geschichte des Positrons ist vor allem dem Buch von Heinz R. Pagels, *Cosmic Code,* Quantensprache der Natur, entlehnt. Es ist 1983 im Ullstein-Verlag erschienen.

84 Sagan, Carl in: *Blauer Punkt im All,* München 1996, S. 412

Ausgewählte Literatur

Bondi, Hermann; *Einsteins Einmaleins,* München 1971

Calder, Nigel; *Einsteins Universum,* Frankfurt a. M. 1980

Capra, Fritjof, *Das Tao der Physik,* 1984

Dilts, Robert B., *Einstein,* Paderborn 1992

Einstein, Albert, *Über die Spezielle und die Allgemeine Relativitätstheorie;* Wiesbaden 1988.

Epstein, Lewis C., *Relativitätstheorie – anschaulich dargestellt,* 1985

Feynman, Richard, *Physikalische Fingerübungen für Fortgeschrittene,* München [2]2006

Fölsing, Albrecht, *Albert Einstein* – Eine Biographie, Frankfurt a. Main [2]1993

Greene, Brian, *Das Elegante Universum,* Berlin 2000

Hansen, Helmut, *Von der Entdeckung Gottes am Rande des Universums,* Petersberg 2005

Herneck, Friedrich, *Einstein und sein Weltbild,* Berlin 1976

Hoffmann, Banesh; *Einsteins Ideen,* Heidelberg 1992

Jung, Carl Gustav; *Mandala – Bilder aus dem Unbewussten,* Olten, 1977

Klein, Etienne, *Gespräche mit der Sphinx,* Stuttgart 1993

Kohl, Christian Thomas; *Buddhismus und Quantenphysik,* 2005

Nick, Herbert; *Quantenrealität,* 1987

Nydahl, Ole, *Wie die Dinge sind,* 2004.

ders., *Die Buddhas vom Dach der Welt. Mein Weg zu den Lamas. 1995*

Pais, Abraham; *Raffiniert ist der Herrgott …*", Wiesbaden 1986

Rucker, Rudy, *Die Wunderwelt der Vierten Dimension,* Ein Kursbuch für Reisen in die höhere Wirklichkeit, München 1994

Tucci, Giuseppe; *Geheimnis des Mandala,* Düsseldorf 1989

Weizsäcker, Carl-Friedrich, *Aufbau der Physik,* München 1985

ders., *Zeit und Wissen,* München 1992

Weinberg, Steven, *Der Traum von der Einheit des Universums,* München 1993

Yourgrau, Palle; *Gödel, Einstein und die Folgen* – Vermächtnis einer ungewöhnlichen Freundschaft, München 2005

Zajonc, Arthur; *Die gemeinsame Geschichte von Licht und Bewusstsein,* Reinbek bei Hamburg 1994

Zeilinger, Anton; *Einsteins Schleier* – Die neue Welt der Quantenphysik, München [3]2005

Chögyam Trungpa

Aktive Meditation

Lebenssituationen klar erkennen und geschickt damit umgehen

Dieses zum Klassiker gewordene – und lange vergriffene – Buch von einem tibetischen Meister ist nach wie vor eine Inspiration für Anfänger wie auch für langjährige Praktizierende der buddhistischen Meditation. Chögyam Trungpa Rinpoche zeigt darin auf, dass Meditation über die formelle Sitzpraxis hinausgeht und das Fundament für Mitgefühl, Achtsamkeit und Kreativität in sämtlichen Lebensaspekten bildet.

Er erforscht die sechs Aktivitäten bei der „Meditation in Aktion" – Großzügigkeit, Disziplin, Geduld, Energie, geistige Klarheit und Weisheit – und legt dar, dass man durch einfache, direkte Erfahrung echte Weisheit erlangen kann: nämlich die Fähigkeit, Situationen klar zu durchschauen und geschickt mit ihnen umzugehen, ohne die mit dem Ego verbundene Selbstbefangenheit.

128 Seiten · Klappenbroschur, zweifarbig

ISBN 3-89385-506-8
www.windpferd.de

Christian Thomas Kohl

Buddhismus und Quantenphysik

Die Wirklichkeitsbegriffe Nagarjunas und der Quantenphysik

Die Philosophie Nagarjunas kann zu einer Befreiung von extremen Wirklichkeitsbegriffen führen, die nicht nur den indischen, sondern auch unseren modernen Denkweisen zugrunde liegen.

Schon Niels Bohr hat auszudrücken versucht, dass mit der Quantentheorie und ihren Einsichten in das Wesen der physikalischen Wirklichkeit die Brücke zum Denken der östlichen Philosophie betreten wurde. Auch andere führende Vertreter der Physik stießen auf die Unzulänglichkeit traditionell westlicher Philosophien im Umgang mit den neuen Herausforderungen, die die Doppelnatur der Wirklichkeit stellt. In der Quantenphysik sind es die Ideen der Komplementarität, der Wechselwirkungen und der Verschränkungen. Zu jeder möglichen Beschreibung der Wirklichkeit gibt es eine ergänzende Beschreibung – kontinuierlich. Der Beobachter ist nicht vom Beobachteten zu trennen; der Beobachter ist für das Beobachtete verantwortlich.

306 Seiten
ISBN 3-89385-463-0
www.windpferd.de